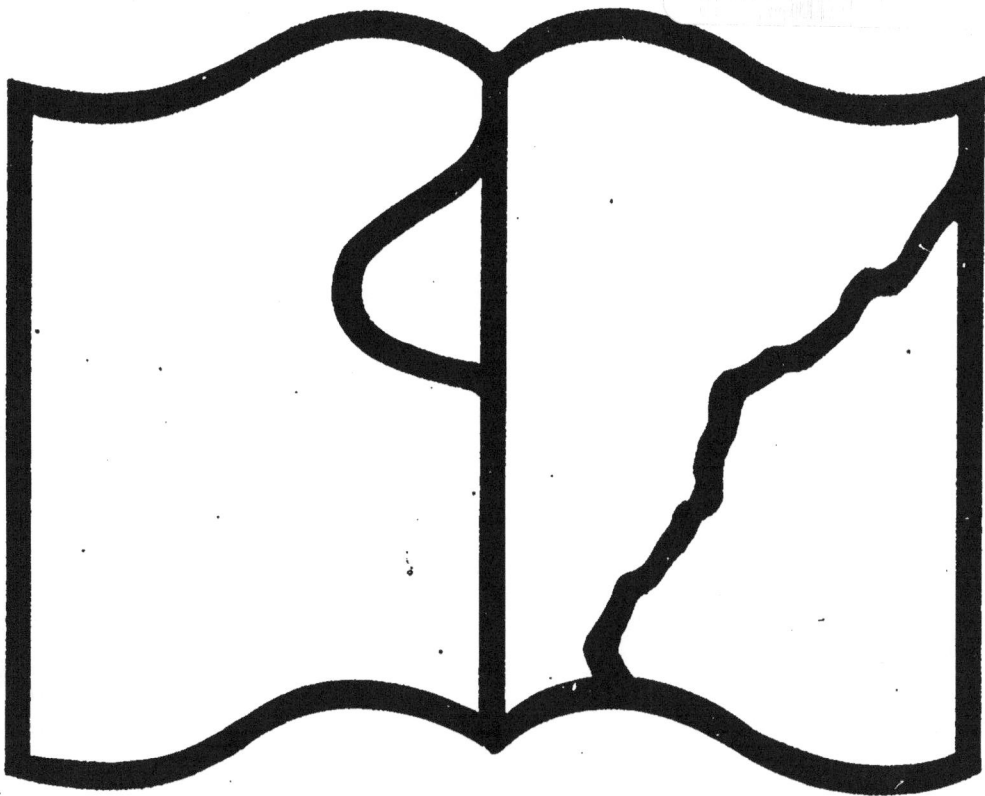

Texte détérioré — reliure défectueuse

NF Z 43-120-11

Symbole applicable
pour tout,ou partie
des documents microfilmés

La Synthèse

de Modernisme

LA

SYNTHÈSE DU MODERNISME

Nihil obstat

Paris, le 8 avril 1912.

J. Auriault

Imprimatur

Parisiis, die 9 aprilis 1912.

P. Fages, Vic. Gén.

LA SYNTHÈSE

DU

MODERNISME

PAR

J. FONTAINE

PARIS

P. LETHIELLEUX, LIBRAIRE-ÉDITEUR

10, RUE CASSETTE, 10

INTRODUCTION GÉNÉRALE

HOMMAGE AU PAPE PIE X

Très Saint-Père,

Vous êtes le Maître de la doctrine et le Père de la grande famille des chrétiens. C'est à ce double titre que Vous est dû l'humble hommage de ce livre, faible écho des enseignements qui descendent de la Chaire où la forte main de la Providence Vous a fait asseoir malgré Vous.

Vous dominez de trop haut nos discussions et nos controverses, pour y intervenir autrement que par quelques-unes de ces décisions souveraines qui, si elles deviennent nécessaires, sortiront de votre grand cœur, tout autant et plus encore que de votre haute raison et de votre foi vaillante, à la seule fin de nous unir tous dans la Vérité plus clairement manifestée.

*Aussi l'auteur ne demande-t-il point votre approbation pour son œuvre, pas plus qu'il ne sollicita celle de votre très illustre prédécesseur, pour deux précédents volumes qui n'étaient, dans sa pensée, que le commentaire et l'application pratique de l'**Ency-***

clique au clergé français. *Mais il serait heureux d'avoir votre paternelle bénédiction pour sa personne, ses intentions et ses efforts, dans la défense de la vérité catholique contre une exégèse que démasquent et condamnent ses propres excès.*

Tels sont,

Très Saint-Père,

les sentiments dans lesquels je suis et je veux demeurer toujours,

de Votre Sainteté,

le très humble et très obéissant serviteur en Notre Seigneur Jésus-Christ.

J. FONTAINE, prêtre.

Cette lettre dédicatoire, écrite au début de l'année 1905 et placée en tête de notre volume sur l'Exégèse du N. T., répond si bien à notre situation et à nos dispositions présentes, que nous voulons en faire comme l'épigraphe de toute notre œuvre anti-moderniste.

Qualis ab incœpto.

J. FONTAINE.

Versailles, le 11 avril 1912.

LA
SYNTHÈSE DU MODERNISME

Depuis douze ans au moins nous avons consacré nos efforts à l'étude du mouvement d'idées et de doctrines que l'Encyclique *Pascendi* a désigné par ce nom de modernisme.Nous l'avions appelé, nous, les *infiltrations protestantes*, en considération de ses sources et aussi de sa nature; car la plupart de ces doctrines, nous pourrions dire presque toutes, forment le fond du protestantisme libéral, le plus répandu aujourd'hui au sein des communautés luthériennes, calvinistes et même anglicanes et de toutes les sectes qui en sont sorties. L'une des séductions du modernisme est la variété de ses formes elles-mêmes, la diversité de ses aspects; tel esprit, inaccessible à quelques-unes de ses métamorphoses, se laissera prendre à une autre qui se présentera demain. Comment le reconnaître toujours et avec certitude sous tous ces déguisements

si multipliés? Ainsi il a été tour à tour exégétique,
philosophique, théologique, dogmatique au sens
le plus strict de ce mot; et aujourd'hui il se fait
sociologique, social, c'est dire qu'il a parcouru tout
le cycle de nos sciences religieuses et ecclésiastiques,
avec toutes leurs subdivisions, et même avec les sciences secondaires qui s'y rattachent, pour les empoisonner du même venin de scepticisme. Des esprits,
très avisés sans doute, mais pas assez prudents, pas
assez avertis peut-être, ont été saisis et subjugués par
ce modernisme qui avait furtivement pénétré telle
partie des sciences religieuses qu'ils exploitaient. Et
quand l'illusion est complète et s'établit à demeure
dans une intelligence qui s'est trompée elle-même
à force de sophismes, il devient très difficile de l'en
bannir. C'est tout un travail d'examen et d'étude à
reprendre en sens opposé, et il y faut porter un
complet oubli de soi et une passion pour la vérité,
bien méritoire, si l'on veut y réussir.

Aujourd'hui même, bien des prêtres n'aperçoivent point tout le péril du modernisme; à peine
croient-ils à son existence. Ils ont lu, mais sans l'é-
tudier assez, sans la méditer à fond et dans toutes
ses parties, l'Encyclique *Pascendi dominici gregis*,
où la grande erreur est disséquée et analysée dans
tous ses éléments si multiples et si divers. Ces prêtres
cherchent autour d'eux, sans la trouver, la concen-
tration de tous ces monstres d'erreur et, dès lors,
ils prononcent hardiment et témérairement qu'il

n'y a dans leur milieu pas la moindre trace de modernisme. Comme si ces éléments n'étaient pas sépa-
râbles, comme si tel prêtre ne pouvait se faire une
exégèse fort risquée et fort dangereuse, sans accepter immédiatement toutes les théories philosophiques du kantisme, ou sans nier du premier coup la
valeur des preuves métaphysiques de l'existence
de Dieu. Ou bien encore on se fera, sur la constitution de l'Eglise, des opinions qui, poussées avec
quelque logique à leur extrême limite, suffiront pour
la dissoudre et la détruire, sans se croire atteint par
l'hérésie moderniste. Bref, cette hérésie, prise dans
son intégralité, brise et détruit tout dans l'ordre surnaturel, faits, dogmes, institutions ; après
quoi elle pénètre dans l'ordre naturel et philosophique pour y produire les mêmes ravages qui
auront leurs contre-coups, également destructeurs,
dans l'ordre social. Et parce que l'on n'embrasse
pas toute cette synthèse diabolique, peut-être par
une sorte d'impuissance intellectuelle, on se croira
absolument indemne et même à l'abri du fléau,
alors qu'on en a subi dans une trop large mesure
la contamination.

Que de fois nous avons entendu, de bouches très
autorisées, ces protestations fort sincères. « Nous ne
sommes pas des infiltrés ; ici il n'y a pas trace d'infiltrations. » Hélas ! je ne sais trop s'il y a, dans nos
pays de propagande enfiévrée, un diocèse où ce
mauvais vent n'ait soufflé et flétri quelques âmes.

Les intellectuels, comme ils s'appellent, ont plus souffert que les autres ; mais que de fois j'ai rencontré des hommes qui ne lisent guère et qui pensent encore moins, atteints d'une sorte d'incrédulité insoupçonnée. Tout était chancelant et incertain dans ces intelligences, et l'on se faisait de ces incertitudes un oreiller bien commode pour d'autres oublis et des égarements qui n'en étaient que la conséquence !

Non, le modernisme n'est pas mort ; c'est nous au contraire qui en mourons. Il est à l'état endémique et nous ne savons plus l'apercevoir ; nous nous y habituons si bien que ceux qui le dénoncent passent pour des exaltés et des gêneurs ; et il n'est pas difficile de prévoir que, dans un avenir peu éloigné, sitôt que les circonstances le permettront, la grande préoccupation de prétendus sages sera de les faire taire au nom de la tranquillité publique et de la paix à rétablir au sein de l'Eglise elle-même.

Avant que nous entrions dans cette ère de pacifisme outrancier, précurseur des suprêmes désastres, je crois qu'il n'est pas inutile de faire la synthèse du modernisme, en le considérant sous ses différentes formes. Nous l'avons étudié très au long, à travers six volumes, pour lesquels ces pages seront une sorte d'introduction générale et aussi de résumé succinct.

I

Le Modernisme exégétique (1).

C'est dans l'Exégèse biblique que se manifesta
tout d'abord, sous sa forme la plus aiguë, le modernisme. Les études scripturaires avaient été beaucoup trop négligées dans nos séminaires. On éprou-
va le besoin de combler cette lacune, et, dans ce
but, des esprits laborieux entreprirent des travaux
philologiques indispensables; ils étudièrent les lan-
gues sémitiques, l'hébreu, le syriaque, le copte, l'a-
raméen sans parler du grec et du latin, évidemment.
Leur tort fut de se laisser guider, dans ces explo-
rations linguistiques, par des protestants plus
avancés que nous, particulièrement en Allemagne;
et ils ne se contentèrent pas d'adopter leurs méthodes, mais ils prirent aussi, du moins en partie, leurs
idées et leurs doctrines. Du reste, il ne faudrait pas
croire que les méthodes puissent se séparer toujours aisément des idées et des doctrines, pour
lesquelles elles-mêmes ont été souvent inventées.

(1) *Les Infiltrations protestantes et le clergé français*, in-12,
xiv-264 pages ; *les Infiltrations protestantes et l'exégèse du Nouveau Testament*, in-12, xiv-512 pages.

Il en fut ainsi des méthodes critiques appliquées à la Bible. On distingue trois critiques différentes, la critique textuelle ou philologique, la critique historique et la critique littéraire, qui toutes les trois prétendent contribuer à l'interprétation des livres bibliques. La première établit les textes avec leurs variantes et prononce sur leur valeur relative, en dégage le sens d'après les règles grammaticales et philologiques; c'est la plus importante et la plus sûre, j'oserais dire la seule sûre, quand elle est bien pratiquée. La critique historique recherche l'époque à laquelle ces textes appartiennent, d'où ils procèdent et à quel groupe d'écrits similaires ils se rattachent. La critique littéraire juge de leur composition, de l'esprit dont ils sont inspirés, des influences qui ont déterminé leur rédaction, d'après un certain sens esthétique souvent très fantaisiste.

Examinons nous-même les livres dont cette critique à trois têtes entreprend l'exploration : ils contiennent deux éléments essentiels : des faits et des idées ; très habituellement, faits et idées se compénètrent, ou plutôt les idées procèdent des faits eux-mêmes qui ont cependant été créés par elles, afin de leur servir comme d'enveloppe et de soutien.

L'exégèse protestante libérale part de ce principe réputé indiscutable : la critique, soit textuelle, soit historique, soit littéraire, ne peut jamais atteindre que des faits purement humains, des idées exclusi-

vement naturelles; elle exclut *a priori* Dieu et
toute intervention divine dans les choses humaines.
Or la Bible et le Nouveau Testament en particulier
sont remplis de faits divins et de doctrines également divines qui y sont impliquées. Prenons comme
exemple la résurrection de Lazare ou celle du
Christ lui-même, consignées l'une et l'autre dans
les textes évangéliques. La critique philologique
aura beau tourner et retourner ces textes, jamais
elle n'en fera sortir un sens autre que le sens lit-
téral. Dans la pensée des auteurs bibliques il s'agit
bien de deux résurrections, très réelles, très objec-
tives.

Oui, sans doute; mais ici intervient la critique
historique qui, ne pouvant se contenter de la constatation empirique de phénomènes incompris,
essaie de remonter jusqu'à leur cause. Ne trouvant
aucune cause purement humaine et naturelle, capa-
ble de produire le fait en question, elle le niera
tout simplement. Or, rien de moins scientifique
que cette négation; elle procède d'un préjugé
philosophique ou plutôt antiphilosophique qu'on
ne veut pas avouer, la non-existence de Dieu ou,
ce qui revient au même, l'impossibilité de son
intervention dans la trame des phénomènes qui se
produisent sous nos yeux. Et pour corroborer
l'œuvre destructive de la critique historique, la critique littéraire cherchera dans les textes évangéliques eux-mêmes, leurs variétés ou diversités de

rédaction, autant de motifs pour affaiblir ou ruiner leur autorité.

Voilà en quelques lignes tout le venin de la critique protestante. Qu'est-ce que les catholiques modernistes ont pris de ce système?

Comme les protestants, ils ont accepté les trois critiques; nous ne leur en faisons pas reproche, mais leur grand tort a été de reconnaître que ni l'une ni l'autre ne peut atteindre par les sens et la raison le fait divin, en tant que divin et surnaturel; la critique constate les modalités sous lesquelles il se présente; mais il ne lui appartient pas de prononcer sur son caractère propre, encore moins sur sa nature intime ou divine. Aux mains des catholiques, cette critique ne nie pas le surnaturel; elle a même soin d'écarter tout ce qui lui serait directement opposé; mais le reconnaître de façon positive, elle ne le peut ni le doit; elle en fait abstraction; concession très dangereuse qui mènera ces catholiques beaucoup plus loin qu'ils ne veulent aller, ne serait-ce qu'en les mettant en contradiction flagrante avec le concile du Vatican.

Pour se rassurer, ces catholiques font remarquer que ce fait surnaturel, que leur critique scientifique ne saurait atteindre, leur sera fourni par l'Eglise et par les sciences ecclésiastiques proprement dites, notamment par la théologie dont ils font une science exclusivement de foi, ayant il est vrai à son service des procédés humains et naturels, voire même scientifiques, mais sans jamais perdre son caractère propre et surnaturel. Dès lors, que peut-on craindre ? la foi, pleinement et parfaitement acceptée, rejoindra l'œuvre critique et scientifique et la complétera de la façon la plus heureuse. Voilà ce que l'on a dit et ce qui se répète aujourd'hui encore, mais sans aucun fondement. Cette prétendue jonction entre la critique historique, faisant même simple abstraction du surnaturel, et la foi catholique telle que l'enseigne l'Eglise est irréalisable. Cette foi, dont nous déterminerons les causes un peu plus tard, suppose ou implique des bases rationnelles : l'existence de Dieu tout d'abord, puis la constatation du fait divin de la révélation. Or, cette constatation est l'objet propre et direct de la critique scientifique. Il appartient à cette dernière, et il n'appartient qu'à elle, de rechercher et de trouver dans les textes bibliques qu'elle explore le fait de la révélation, environné de preuves suffisantes, les miracles bien et dûment constatés par des témoins dignes de foi et engendrant par leurs témoignages ce que nous appelons les motifs externes de crédibilité.

Si votre critique textuelle, historique et littéraire, ne va pas jusque-là, une lutte va s'établir nécessairement entre elle et la foi catholique ; elle ne fera point abstraction du surnaturel, comme vous le prétendez ; elle le niera purement et simplement, et elle y sera contrainte par les exigences de sa

nature. Cette critique, dès lors qu'elle est scientifique, ne peut se borner à constater empiriquement
des phénomènes, sans remonter jusqu'à leurs causes. La cause de la résurrection d'un mort est
nécessairement surnaturelle ; aucune force créée ne
saurait l'opérer. Votre critique repousse *a priori*
toute intervention divine ; il faut qu'elle explique
par des procédés humains cette prétendue réviviscence d'un cadavre à laquelle elle ne croit pas. Elle
inventera quelques supercheries : ou le Christ n'était
pas réellement mort quand on le descendit de la
croix, ou ses disciples enlevèrent son corps du sépulcre, et firent croire qu'il était réellement ressuscité. En un mot elle niera le dogme, objet direct de
la foi catholique, la réviviscence du Christ par la
vertu propre de sa divinité.

Ce que nous ne pouvons que résumer ou indiquer ici très brièvement est exposé en détail dans
les deux volumes publiés sous ces titres : *les Infiltrations protestantes et le clergé français* (1901)
et *les Infiltrations protestantes et l'exégèse du
Nouveau Testament* (1905).

Toute l'histoire du modernisme exégétique est
là depuis 1875. Les auteurs principaux qui ont pris
part à ce mouvement sont cités et parfois analysés très au long. On nous l'a beaucoup reproché,
comme s'il nous eût été possible de combattre, avec
quelque efficacité, un mouvement doctrinal aussi
complexe et favorisé par des écrivains aussi nom-

breux, sans apporter, comme preuves à l'appui de
chacune de nos affirmations, les textes mêmes,
objets de nos critiques ! Nous venons de relire tout
ce que nous avons écrit à ce sujet ; si nous avions
à regretter quelque chose, ce serait d'avoir cru,
chez certains, à la rectitude d'intentions qui n'exis-
taient aucunement. Lorsqu'on examine, dans leur
ensemble, les travaux de M. Loisy, par exemple, et
de quelques autres, on voit clairement que leur système de radicale incrédulité était arrêté dans ses
parties essentielles, alors qu'ils affectaient un respect hypocrite pour l'Eglise et les autorités ecclésiastiques. Bien longtemps avant la lettre du cardinal Richard, frappant de condamnation, le 23 octobre 1900, l'article publié dans *la Revue du Clergé
français* sur *la Religion d'Israël*, Loisy ne croyait
plus à rien. Des travaux antérieurs, parus dans sa
propre *Revue d'histoire et de littérature religieuses*, contiennent au fond la même incrédulité, notamment les onze articles publiés depuis janvier 1897
sur le *Quatrième Evangile*, réunis et complétés
plus tard dans le gros volume qui porte le même
titre.

Si l'on veut en avoir la preuve, on n'a qu'à lire
le chap IV des *Infiltrations protestantes et le Clergé
français: le johannisme ou création tardive de la
divinité de Jésus-Christ.* On y trouvera une étude
comparée de la théologie Johannine de Reuss, le
fameux professeur de l'université protestante de

Strasbourg, et des articles de Loisy mentionnés ci-
dessus. C'est exactement la même doctrine ; quant
au fond des choses, Loisy ne fut jamais qu'un pla-
giaire. Nous avons là, pris sur le vif, les derniers
résultats de la critique philologique, historique et
littéraire par rapport à saint Jean. Cette critique
est censée démontrer la non-historicité des faits miraculeux racontés par le quatrième Evangile. Quant
aux dogmes qui y sont impliqués, ils sont « le produit d'une spéculation métaphysique par laquelle
pseudo-Jean a voulu se rendre compte de la foi
des communautés chrétiennes, au début du second
siècle ». Et ce n'était là que les conclusions d'un
système qui s'étendait à tout le Nouveau Testament.

Voilà ce que Loisy avait enseigné bien avant
« les Petits livres », comme on les appelle, *l'Evan-*
gile et l'Eglise (1902), et *Autour d'un Petit Livre*
(1903). A vrai dire, ces deux derniers ouvrages ne
font que systématiser, sous les formes ambiguës et
fuyantes habituelles à l'auteur, des doctrines émi-
ses depuis longtemps déjà. Sa méthode y apparaît
mieux et en plus flagrante contradiction avec l'enseignement de l'Eglise, mais en réalité il n'appor-
tait aucun élément nouveau à ses thèses anciennes.

Et lorsque nous nous reportons à ces années
douloureuses, nous rencontrons à côté de Loisy
des catholiques nombreux, quelques-uns d'une éru-
dition incontestable, qui s'étaient laissé prendre à

ses théories et professaient à peu près les mêmes
erreurs sur l'inauthenticité du *Pentateuque*, la
révélation primitive, le messianisme, le problème
synoptique, la question johannine, l'histoire des
dogmes, sur presque toutes les questions débattues
en un mot. Nous avons vécu ainsi, sous une sorte
d'oppression intellectuelle, sans qu'il y ait eu une
réaction énergique et surtout constante et étendue,
de la part de nos théologiens et de l'opinion catholique déconcertée... Les organes de publicité qui
osaient risquer une défense toujours timide le faisaient avec de respectueuses réserves sur la bonne
foi et même les intentions généreuses des errants;
alors qu'il y avait, de la part de ces derniers, le dessein d'empoisonner jusqu'aux sources de la doctrine
révélée au sein même de l'Eglise. J'en appelle au livre
de Loisy: *Quelques lettres sur des questions actuelles et sur des événements récents.* Cette situation n'a
été modifiée un peu à fond (1) que par le décret

(1) Il en reste bien encore quelque chose et les œuvres de Loisy ne
sont point tombées dans le discrédit absolu où elles auraient dû
être ensevelies immédiatement. Des revues, qui se prétendent très
catholiques, lorsqu'elles font, ce qui leur arrive assez souvent, la bi-
bliographie de telles de ces questions, mentionnent aux premiers
rangs Loisy, avec les titres de ses livres, puis pêle-mêle les autres
écrivains protestants et catholiques qui s'en sont occupés de façon
objective, comme l'on dit, c'est-à-dire sans aucune polémique un peu
directe contre les erreurs ni surtout contre les errants.
Tout auteur qui aura été mêlé aux débats que suscitèrent ces
questions est implacablement écarté, quelle que soit la valeur de
ses écrits, fût-il M. Lepin. Et si je le constate ici, c'est que je vois
à cette méthode des inconvénients très graves : les jeunes générations,
à mesure qu'elles se succèdent, ainsi renseignées par ces listes biblio-
graphiques, recommenceront à s'empoisonner à ces mêmes sources, et

Lamentabili du 3 juillet 1907 et l'Encyclique *Pascendi dominici gregis* du 8 septembre de la même année. Nous pouvons admirer ici la patience habituelle du Saint-Siège; l'excommunication nominative de Loisy est seulement du 7 mars 1908.

Dans nos efforts contre ce formidable mouvement, nous avons fait autre chose que de la polémique qui, elle aussi, du reste, a été objective et aussi peu personnelle que possible. En regard des thèses de nos adversaires, nous avons placé les thèses opposées avec leurs preuves essentielles et les démonstrations qu'elles comportent. Il y a là une exposition positive et raisonnée qui remplit, par exemple, les trois cents dernières pages de notre volume intitulé : *les Infiltrations protestantes et l'Exégèse du Nouveau Testament.* Reprenant en sous-œuvre toutes les questions précédemment agitées, nous essayons de les élucider. Ainsi nous avons recherché les sources premières des synoptiques, serré de très près leurs ressemblances et leurs divergences en donnant des unes et des autres une explication rationnelle. Le troisième Evangile a des particularités fort importantes, notamment *l'Evangile de l'Enfance* et le récit du dernier voyage du Sauveur de Galilée à Jérusalem, qui remplit onze chapitres. Nous lui avons consacré une étude spéciale.

l'on verra renaître avant peu le dangereux mouvement que Rome est parvenue à arrêter au moins partiellement.

C'est dans l'Evangile de l'Enfance qu'il faut évidemment chercher la connexion entre les deux Testaments; les principaux textes messianiques y aboutissent. Quant on les unit à ceux qui concernent la Passion et qu'on examine leur connexion réciproque, la confirmation qu'ils reçoivent des faits, on est frappé de la lumière qu'ils projettent sur l'exégèse biblique tout entière, et sur la façon d'entendre les passages scripturaires dont le sens a été le plus travesti et défiguré par les protestants et les modernistes.

On devine avec quel soin nous avons recherché les connexions soit doctrinales, soit historiques et rédactionnelles, entre saint Jean et les synoptiques ; c'est, à vrai dire, la question qui domine toute l'exégèse évangélique. Nous avons successivement examiné la chronologie de saint Jean et celle des synoptiques, la façon dont il faut entendre l'allégorisme qui se rencontre en un nombre fort restreint de passages du quatrième Evangile, les preuves de sa rigoureuse historicité, surtout dans le récit des faits miraculeux. Enfin, nous avons consacré tout un long chapitre aux discours dont ce quatrième Evangile est parsemé. Nous les avons partagés en trois catégories : les discours *polémiques*, les discours d'*initiation doctrinale* et *les discours eucharistiques*.

. Notre étude sur les Epîtres de saint Paul est tout à fait incomplète : il eût fallu un volume

entier pour exprimer notre pensée à ce sujet. Nous
y avons recherché ce qui nous a semblé le plus propre à confirmer nos appréciations sur la vie et la
doctrine du Sauveur, telles que nous les font voir
les Evangiles. Il y a là aussi, sur l'évolution dogmatique, quelques idées qui nous sont person-
nelles, et que nous avons reprises et confirmées
dans un volume postérieur : *la Théologie du Nouveau Testament et l'Evolution des dogmes.*

II

Le Modernisme philosophique
et théologique (1).

Toutes les formes du modernisme se tiennent,
parce qu'elles sont engendrées par un même principe que nous allons essayer de préciser, pour en
mieux saisir ensuite toutes les manifestations.

Nous avons dit que la méthode exégétique suivie
par les protestants et par les modernistes était défectueuse, parce qu'elle excluait positivement le surnaturel chez les premiers et en faisait simplement
abstraction chez les seconds. Cette exclusion positive et cette abstraction proviennent d'une même
source : la théorie kantienne de la connaissance.

Le philosophe de Kœnisberg est l'homme qui,
sous des apparences de modération, a porté les
coups les plus terribles à l'âme humaine, à cette
âme intelligente et libre dont Dieu nous a doués.
C'est au principe pensant que Kant s'est attaqué
tout particulièrement dans son ouvrage intitulé :

(1) *Les Infiltrations kantiennes et protestantes et le clergé français* (dernière édition), in-12, xxxviii-551 pages.

Critique de la raison pure. Il l'a littéralement amputé de ses facultés les plus précieuses ; et depuis cette âme se débat incertaine dans ses voies, ne sachant plus rien avec certitude de ce qu'elle a le plus besoin de connaître, rien du monde extérieur, rien d'elle-même, rien du Dieu qui a créé l'un et l'autre.

Voici, en quelques mots, l'essentiel du scepticisme kantien. L'intelligence humaine est radicalement incapable d'entrer en relation sûre et directe avec les choses matérielles qui l'entourent. Elle en reçoit des impressions qui ne lui révèlent rien sur ces objets extérieurs, et surtout qui lui laissent tout ignorer de leur fond substantiel, si toutefois ils en ont un. Vainement cette âme se replierait sur elle-même pour s'ausculter et se connaître dans ses profondeurs intimes ; là surtout est la grande énigme, le « noûmène » ou l'inconnaissable. Ce qu'elle perçoit, ce sont les phénomènes qui se succèdent, à sa surface, dans un enchaînement ininterrompu dont les lois lui demeurent cachées.

L'âme est ainsi emprisonnée dans un subjectivisme superficiel, fait de ces seuls phénomènes, sans liens avec le dehors ni avec sa propre substance ; et, dès lors, elle est doublement incapable d'atteindre Dieu, auteur des deux mondes dont l'entrée lui demeure interdite.

Pour l'explication intégrale de cette théorie et le déchiffrement des énigmes qu'elle implique, nous

renvoyons à notre chapitre premier et fondamental des *Infiltrations kantiennes;* et tout particulièrement à l'analyse que nous y faisons du double
argument détruit par le kantisme, l'argument *cos-*
mologique ou de la causalité et l'argument *téléo-*
logique ou des causes finales, sur lesquels repose
principalement la démonstration de l'existence de
Dieu.

Resterait l'argument ontologique, dit de saint
Anselme, qui se tire de l'idée de l'infini; mais on
comprend qu'il est ruiné comme les deux premiers
et, si je l'ose dire, plus directement encore, avec
l'âme substantielle elle-même ; cette idée de l'infini
n'entrera jamais dans les modalités subjectives,
reconnues par le kantisme.

Toutes les preuves de l'existence de Dieu, de
quelque ordre qu'elles soient, sont donc absolument
détruites, et nous verrons que notre affirmation
s'étend aux preuves d'ordre moral, comme à celles
d'ordre physique et métaphysique. Dieu demeurera
toujours le grand inconnu. Notre théodicée rationnelle sombre d'un seul coup et, avec elle, toute théologie positive basée sur une révélation.

Nous pourrions en donner ici une raison apodic-
tique, qui s'est déjà présentée à nous sous un mode
moins absolu, dans notre précédente étude. La critique exégétique, nous a-t-on dit, ne peut atteindre
le fait miraculeux, précisément parce qu'il est miraculeux ou surnaturel. C'est là du kantisme dimi-

nué; la théorie kantienne va plus loin et dit : la raison théorique, en d'autres termes, notre intelligence ou faculté de connaître, ne peut atteindre de façon sûre le fait humain, quel qu'il soit, aucune réalité sensible; *a fortiori* est-elle bien incapable d'en rechercher la cause, la vraie cause, la cause substantielle. Que vient-on lui parler de la cause des causes, de Dieu, leur principe et leur fin, qui devrait se révéler à elle tout d'abord par cet univers dont il est le créateur, où il a mis la marque de ses perfections infinies, de sa suprême sagesse et de sa suprême puissance comme de sa suprême bonté. Le kantien ne connaît rien de tout cela; il ne peut ni ne veut rien en connaître.

Et voilà qu'on sollicite sa foi à l'intervention personnelle et directe ou surnaturelle de ce même Dieu, dans un univers déjà soumis à ses lois ! Bien plus, ce Dieu, dans une révélation positive et directe, lui communiquerait ses desseins providentiels; tout cela est impossible !

Ces doctrines, destructives de toute certitude et particulièrement de toute certitude métaphysique, sont depuis longtemps maîtresses de notre université. Sans doute le kantisme y prend mille formes; chacun l'arrange à sa façon, mais le fond demeure toujours le même. Il nous est venu de là. M. Maurice Blondel, aujourd'hui professeur à l'université d'Aix, avait déjà écrit son livre de *l'Action*, qui donna lieu à d'ardentes controverses. On a dit même qu'il avait

été frappé d'une condamnation de l'index dont un
haut personnage ecclésiastique, ami de l'auteur,
avait empêché la publication. Nous ne savons ce
qu'il y a de fondé dans ce propos ; ce qui est certain, c'est que cet ouvrage est devenu très rare et
semble avoir été retiré de la circulation commerciale.
Je le constate à l'honneur de M. Blondel. Malheureusement, il a récidivé en publiant, au début de
l'année 1896, dans les *Annales de philosophie
chrétienne*, une série d'articles sous ce titre compli-
qué : *les Exigences de la pensée contemporaine
en matière d'apologétique et la méthode de la
philosophie de la volonté dans l'étude des pro-
blèmes religieux*. On y retrouve bon nombre des
négations kantiennes.

Un autre professeur universitaire, M. Fonsegrive,
qui tant de fois est intervenu, et presque toujours de
la façon la plus malheureuse, dans nos débats religieux, abandonnait ses anciennes doctrines philosophiques pour se rattacher aux idées courantes.
M. Le Roy, professeur au lycée de Versailles,
esprit plus puissant et plus audacieux encore,
devait, un peu plus tard, pousser beaucoup plus
loin ses négations. Et cependant, tous ces hommes
se réclamaient des doctrines catholiques et, de fait,
étaient des chrétiens pratiquants dont la sincérité
ne saurait être mise en question. Le P. Laberthonnière, très lié, dit-on, avec des universitaires plus
avancés encore, se faisait le champion de leurs

idées. Nous devons mentionner ici le concours que leur donna un esprit souple et délié en sophistique kantienne, M. l'abbé Jules Martin, auteur *d'un grand travail sur saint Augustin* qu'il essaie, bien entendu, de rattacher à son système. Il avait déjà publié un autre ouvrage, la *Démonstration philosophique*, que Rome avait condamné.

M. Loisy profita inévitablement de tout ce mouvement d'idées philosophiques qui, en réalité, fournit une base à son exégèse et en assura le succès. Il est à remarquer que les disciples les plus aveuglément soumis aux influences de M. Blondel furent des prêtres, comme les abbés Mano, Pèchegut, Grosjean et beaucoup d'autres, anonymes et pseudonymes. Leur grand souci était de travestir, afin de la ruiner plus aisément, notre théodicée ainsi que la doctrine catholique sur le miracle et le fait de la révélation, les deux bases fondamentales de la théologie. M. Blondel en personne s'était acharné contre la notion du miracle et son intelligibilité :
« L'idée des lois générales et fixes dans la nature
« et *l'idée de nature elle-même*, écrit-il, n'est qu'une
« idole ; comme chaque phénomène est un cas singu-
« lier et une solution unique, il n'y a sans doute, si
« l'on va au fond des choses, rien de plus dans
« le miracle que dans le moindre des faits ordi-
« naires, mais aussi il n'y a rien de moins dans le
« plus ordinaire des faits que dans le miracle. »
Nos lecteurs saisissent toute la portée de cette

déclaration. (*Infiltrations kantiennes*, page 160.)

M. Blondel s'attaque ainsi à ce que toutes les sciences naturelles constatent et enseignent, l'enchaînement des phénomènes physiques, les relations nécessaires des effets avec leurs causes. Chaque phénomène est un cas singulier — et par suite l'idée de l'ensemble cosmique et de l'harmonie entre les êtres, en d'autres termes, *l'idée de nature* est *une idole*.

La première conséquence de cette argumentation est qu'il n'y a plus d'argument cosmologique, prouvant l'existence de Dieu, et notre théologie rationnelle est détruite. Ainsi le voulait Kant, et le P. Laberthonnière est de cet avis, comme M. Blondel.

La seconde conséquence, aussi logique que la première, atteint le *miracle* et le *fait de la révélation*, bases de l'ordre surnaturel. Comme le miracle est, selon la définition de saint Thomas et de tous les théologiens, un fait qui dépasse tout l'ordre naturel, *effectus qui fit divinitus præter rerum ordinem communiter servatum*, il est bien évident que si cet ordre naturel n'existe pas, ou, ce qui dans le cas présent revient au même, ne peut être constaté par notre raison, le concept même du miracle devient une absurdité.

Ici le scepticisme de M. Blondel va plus loin que celui de Kant. On peut voir dans une longue note de notre chapitre Ier des *Infiltrations kantiennes—*

pp. 7 et 8 de la première édition ; pp. 5, 6, 7, 8 et 9
de la troisième — comment Kant essayait de sauvegarder, avec la causalité phénoménale, une certitude au moins relative dans les sciences physiques.
M. Blondel, lui, ne voit en tout cela *qu'idoles.* Pour
être logique il doit considérer les faits scientifiques
eux-mêmes, aussi bien que les lois qui les régissent et les théories qui expliquent ces lois et ces
faits, comme des créations pures 'et simples des
expérimentateurs qui en ont fait la découverte.
(Voir *Infiltrations kantiennes,* p. 161 de la 1ʳᵉ édit. ;
p. 137 de la 3ᵉ, note.)

M. l'abbé Jules Martin a voulu corroborer la
théorie de M. Blondel par une citation de saint
Augustin que j'ai longuement discutée (pp. 163 et
suiv. 1ʳᵉ édition ; pp. 139 et suiv. 3ᵉ édition). Toute
l'argumentation de M. Martin repose sur une confusion voulue entre le concours divin naturel que
nous appelons habituellement le concours philosophique, qui se mêle à tous les actes humains, bien
plus à toute activité créée, quelle qu'elle soit, et
l'action exclusivement personnelle de Dieu qui
constitue le miracle. Prenons comme exemple la
multiplication des cinq pains par Jésus-Christ au
rivage oriental du lac de Génézareth. Il est bien
évident que le concours divin naturel, nécessaire
à la production des cinq pains fournis par le ber-
ger, diffère de l'acte miraculeux qui y ajouta par
une création directe et immédiate la quantité né-

cessaire pour rassasier cinq mille personnes. Tout
cela est discuté au long dans notre ouvrage; nous
ne saurions y insister ici.

***

Comment donc des catholiques convaincus et pratiquants, bien plus des prêtres et même des religieux, ont-ils pu embrasser, professer tout haut et
prétendre imposer autour d'eux des doctrines aussi
malfaisantes? Nous devons leur supposer et quelques-uns du moins avaient des intentions droites
et le dessein arrêté de sauvegarder leur foi. Il y a
là une sorte d'énigme dont voici peut-être la solution. Tous ces hommes s'imaginaient avoir trouvé
un moyen bien à eux, leur appartenant en propre,
de relever ou plutôt de soutenir ces vérités catholiques qu'on les accusait de compromettre. Bien
plus, ils prétendaient travailler efficacement au
triomphe de ces vérités que le siècle aurait accep-
tées de leur bouche, car ces vérités ainsi présentées
étaient en parfait accord avec sa mentalité, avec
l'esprit moderne. Ce moyen n'était pas si nouveau
qu'ils l'imaginaient, il avait été essayé en Allemagne
pendant la première moitié du XIXe siècle et jusqu'au
concile du Vatican. Il avait été emprunté à Kant
par les novateurs allemands que les novateurs fran-

çais n'ont fait que copier, non sans modifier cependant leur système et en rajeunir les formes.

Tout le monde sait que Kant, après avoir publié
sa *Critique de la raison pure*, inventa une *autre
critique*, dans laquelle il essaya de relever en partie les ruines amoncelées par la première. La *raison pratique* fut chargée de cette besogne, et elle
édifia tant bien que mal tout un système de morale rempli de contradictions. La *raison pratique*
n'est rien autre chose que la *volonté* raisonnable qui
commence par restaurer et promulguer la notion
du devoir, imposé à tous sous le nom «˜d'impératif catégorique». Kant entend que l'on obéisse au
devoir parce qu'il est le devoir, que la volonté consciente s'impose à elle-même en vertu de son autonomie, car la volonté est absolument et essentiel-
lement autonome. Non seulement elle porte en elle
sa loi, comme nous le reconnaissons tous ; mais elle
est *à elle-même* sa loi, ce qui est bien différent. Ne
lui parlez pas d'un principe supérieur de qui elle la
recevrait ; elle ne reconnaît rien ni personne au-
dessus d'elle-même. Elle est *une fin en soi* et ne
doit jamais être réduite au rang de *moyen*.

Cette volonté bonne et consciente de sa bonté
postule encore deux choses, en contradiction
radicale avec tout le système ; mais les contradictions ou *antinomies* ne coûtent guère à Kant, et
surtout ne l'arrêtent jamais.

Ces deux choses ainsi postulées par la raison

pratique sont la *liberté* et le *bonheur*. Comment
la liberté morale se concilie-t-elle avec le déterminisme, professé par la raison théorique ? C'est là
l'un des points les plus ténébreux du kantisme.
D'autre part, la volonté droite postule comme sa
récompense nécessaire le bonheur, qui, à son tour,
postule Dieu, un Dieu nié par la raison théorique
et étranger à toutes les autres parties du système.
Ce sont là autant d'incohérences que pardonnent et
oublient nos fins et exigent nos critiques ; ou plutôt, dans l'espoir de les faire oublier, ils les dissi-
mulent derrière leurs propres théories.

Sous la plume des néo-kantiens catholiques,
la *raison pratique* de Kant varie ses formes et
s'appellera tour à tour *le volontarisme*, *le pragmatisme*, *le dogmatisme moral* et *l'immanence*.
C'est un système très complexe qui garde cependant une certaine unité dont les appellations énu-
mérées tout à l'heure indiquent les faces diverses.
En examinant bien nous y retrouverons toujours
la marque kantienne. *Le volontarisme*, comme l'on
dit, ressemble beaucoup à la volonté bonne et autonome. L'autonomie est ce à quoi tiennent le plus
nos néo-kantiens ; s'ils ne disent point que la volonté
est *une fin en soi*, ils proclament et poussent jusqu'au bout sa pleine et parfaite indépendance de
tout extrinsécisme ; elle porte en elle-même sa
loi, c'est elle qui la crée de toutes pièces ; ou plutôt sa loi, c'est elle-même, c'est son propre vouloir.

De plus elle se juge et s'apprécie d'après la réper-
cussion de ses propres actes, et c'est assez naturel ;
pour le volontarisme *l'action* est tout. Une cause ne
se manifeste-t-elle pas par ses effets? Si les effets
ont un caractère d'utilité ou même de simple convenance, la cause est bonne et vraie. *Le pragmatisme* ·
complète et achève le volontarisme proprement
dit.

Remarquons bien que jusqu'ici il n'a pas été
question de la faculté intellectuelle, ni de la lumière qu'elle pourrait projeter sur les actes et
sur la volonté elle-même, afin de lui donner une
direction rationnelle. Ce serait là faire revivre le
vieil intellectualisme ; il ne le faut pas. Pourtant
on ne bannit pas toute idée, il y aurait là une
déformation réelle de l'âme humaine et une sorte
d'impossibilité. Mais M. Le Roy nous fera comprendre que l'idée vient en dernier lieu ; elle procède de l'acte lui-même et, par suite, de la volonté.
L'être humain veut se rendre compte de ses actes
et les justifier à ses propres yeux, par les représentations qu'il se forme de ces actes eux-mêmes et
des motifs qui les déterminent. Ces représentations
idéales constitueront une philosophie religieuse,
le dogmatisme moral. Et ce mot est juste, du
moins en ce qu'il exprime l'origine de ces représentations idéales ou dogmatiques qui sortent des
actes, des faits, de la volonté. La morale, comme
on le voit, **engendre le dogme** ; c'est tout le con-

traire du système catholique, où le dogme engendre la morale.

Enfin volontarisme, pragmatisme et dogmatisme moral appartiennent au domaine vague et imprécis qui s'appelle *l'immanentisme*. Tout cela est immanent à l'âme humaine, entre dans ces phénomènes ondoyants et divers qui passent sur elle en une succession ininterrompue. L'immanentisme est synonyme de subjectivisme ; tout ce que nous avons exposé jusqu'ici est purement et exclusivement subjectif : autonomie de la volonté, actes procédant de cette volonté, dogme résultant des actes volontaires et de la faculté qui les produit.

Mais voilà que cette immanence va se différencier du subjectivisme kantien, en ce qu'elle appelle ou plutôt requiert un surcroît. Et ce surcroît, au jugement de nos néo-kantiens catholiques, n'est autre que le surnaturel lui-même. Mais quel surnaturel ? En voici un qui exclut certaines qualités et en inclut quelques autres qui étonneront les théologiens. M. Blondel écrit : « La méthode d'immanence considère le surnaturel non comme *réel* sous sa forme historique — où le prend-elle alors ? — non comme simplement possible ainsi qu'une hypothèse arbitraire ; non comme *gratuit* et facultatif, à la manière d'un don proposé sans être imposé — cela veut-il dire qu'il cesse d'être gratuit par le fait même qu'il est moralement imposé ? — non comme ineffable au point d'être *sans racines* en

« notre pensée et notre vie — ces racines au-
« raient bien besoin d'être expliquées ; — mais
« comme indispensable en même temps qu'inacessi-
« ble à l'homme. » Indispensable dit trop, le surnaturel nous est indispensable dans l'ordre actuel de
la providence, mais pas absolument ; de plus, inaccessible en soi, il nous est devenu accessible, avec
les dispositions providentielles dont nous parlions
à l'instant. Donc le surnaturel de M. Blondel n'est
pas tout à fait celui de l'Eglise catholique.

De plus, d'après les néo-kantiens, il doit se faire
une telle adaptation entre ce surnaturel qu'ils appellent le « surcroît » et l'«immanence» que leurs
mystères, car tous deux en ont, se confondront
en quelque sorte. Ecoutons encore M. Blondel :
« La notion d'immanence implique que rien ne
« peut entrer en l'homme qui ne sorte de lui, et ne
« corresponde en quelque façon à un besoin d'expan-
« sion, et que, ni comme *fait historique*, ni comme
« *enseignement traditionnel*, ni comme *obligation*
« *surajoutée du dehors*, il n'y a pour lui vérité qui
« compte et précepte admissible, sans être de quel-
« que manière *autonome* et *autochtone*. »

Ces deux mots *autonome autochtone* expriment
les conditions que le catholicisme devra subir pour
être introduit dans les domaines de l'immanence,
le certificat d'origine qu'il devra fournir. Il lui faudra
prouver, de quelque manière, qu'il est autochtone :
aborigène, né du sol immanentiste, sorti de la

sub-conscience apparemment, puis autonome. Je crains que l'autonomie mentionnée ici ne doive se confondre avec celle de la volonté personnelle, fin en soi. S'il y avait une autre autonomie distincte de celle-là, comment les deux subsisteraient-elles en face l'une de l'autre? Il faudrait bien que l'une se subordonnât à l'autre, c'est-à-dire s'abdiquât elle-même. L'immanence est incapable de ce sacrifice.

Et si, de plus, le catholicisme est, par sa nature même, extrinsèque à l'homme ; s'il vient du dehors, de plus haut que lui, de Dieu, pour entrer en lui, il est vrai, et lui devenir intrinsèque, la difficulté va devenir insurmontable, à moins d'une absorption exigée par l'autonomie de l'immanence.

Ecoutons le P. Laberthonnière, un autre prophète de l'immanence et du dogmatisme moral; il va nous expliquer combien le catholicisme extrinséciste répugne à l'immanence : « De cette façon, écrit-il, « la doctrine chrétienne se présente à nous comme « quelque chose d'absolument étranger et d'abso- « lument extérieur à nous-même. C'est comme si « quelqu'un, venant d'un pays inconnu, d'une autre « planète, par exemple, nous racontait des choses « extraordinaires, inouïes, et nous imposait de les « croire, rien qu'en manifestant par des miracles « son pouvoir sur la nature et sur nous. Les cho- « ses qu'il dirait s'ajouteraient à ce que nous pen- « sons déjà : mais elles s'ajouteraient en se super- « posant seulement, sans s'y mêler et s'y fondre.

« De ce point de vue surnaturelles vérités révélées,
« tirées du christianisme, apparaissent donc comme
« une *superfétation*, quelque chose de surérogatoire,
« dont nous serions chargés, qui pèserait sur nous
« et qui nous asservirait. La religion ne serait
« ainsi, au sens étymologique du mot, qu'une *super-*
« *stition étrangère à la vie morale...* (1). »

Pas une de ces phrases qui ne renferme une
fausseté attentatoire à la doctrine catholique; avec
la déplaisante prétention de se faire passer pour
l'enseignement de l'Eglise.

***

Pour conclure, serrons de plus près tout le système kantien et ses négations principales. Nous
l'avons vu, il détruit la démonstration rationnelle
de l'existence de Dieu et les deux bases fondamentales de l'ordre surnaturel : le miracle et le fait de
la révélation. Or, le concile du Vatican, dans sa constitution *Dei Filius*, a porté la définition suivante :
« Notre mère la sainte Eglise tient et enseigne que
« Dieu, principe et fin de toutes choses, peut être
« connu avec certitude par la lumière naturelle de
« la raison humaine, au moyen des choses créées;
« car depuis la création du monde, ses invisibles
« perfections sont vues par l'intelligence des hom-
« mes au moyen des êtres qu'il a faits. » (*Ep. ad
Rom.*, I, 20).

(1) *Essai de philosophie religieuse*, p. 199.

Et voici en quels termes le concile frappe la doctrine contraire, celle des néo-kantiens : « Ana-« thème à qui dirait que le Dieu unique et véri-« table, notre Créateur et Seigneur, ne peut être « connu avec certitude par la lumière naturelle de « la raison humaine, au moyen des êtres créés. » « *Si quis dixerit Deum et verum, Creatorem et Dominum nostrum, per ea quæ facta sunt, naturali rationis humanæ lumine certo cognosci* (1) *non posse, anathema sit.* » Quant aux miracles et au fait de la révélation, en d'autres termes, aux motifs externes de crédibilité, voici les définitions du même concile : « Afin que l'hommage de notre foi « fût d'accord avec la raison, aux secours inté-« rieurs du Saint-Esprit Dieu a voulu joindre des « preuves extérieures de sa révélation, et surtout « des miracles et des prophéties qui, en montrant « abondamment la Toute-Puissance et la Science « infinie de Dieu, font reconnaître la révélation « divine dont ils sont les signes très certains et « appropriés à l'intelligence de tous. »

Les deux canons suivants corroborent cette défi-nition et proscrivent les doctrines néo-kantiennes ci-dessus énoncées :

Si quis dixerit... miracula certo cognosci nun-quam posse, nec iis divinam religionis christianæ originem rite probari ; anathema sit.

_____

(1) Le serment anti-moderniste dit : *demonstrari.*

Si quis dixerit revelationem divinam externis signis credibilem fieri non posse... anathema sit.

Comment des prêtres, quelque peu initiés à la science théologique, pouvaient-ils se méprendre sur la contradiction radicale, qui éclate, évidente comme le soleil en plein midi, entre les décrets que nous venons de lire et toutes les sophistications du kantisme, rajeuni sous ces noms et ces formes multiples de volontarisme, de théorie de l'action, de dogmatisme moral et d'immanentisme ? Que des laïques moins avertis aient cédé à la séduction de théories philosophiques dont leur milieu était imprégné, sans les rapprocher des décrets du Vatican qu'ils avaient omis de relire ou même qu'ils ignoraient, cela se comprend, du moins avant la lettre de Léon XIII au clergé français (8 septembre 1899).

Mais lorsque ce pape, si ferme dans l'énoncé des principes, si indulgent dans les mesures disciplinaires à l'égard des personnes, se fut plaint si hautement de cette résurrection du kantisme, « de ce « scepticisme doctrinal d'importation étrangère et « d'origine protestante, dans un pays justement « célèbre pour la clarté des idées et pour celle du « langage », pouvait-on ne pas voir la gravité de la situation ?

Et pourtant le P. Laberthonnière continuait ses études en faveur du dogmatisme moral qui, réunies en deux opuscules, furent frappées par *l'index*. M. Blondel, traité avec une indulgence marquée

par les tribunaux romains qui frappaient autour
de lui des écrits moins erronés que les siens, non
seulement ne rétractait rien, mais aggravait tout,
ainsi que nous le verrons. MM. les abbés Pêchegut
et Mano se faisaient ses interprètes ; ce dernier
écrivait des pages outrageantes contre « la grosse
artillerie des conciles » et en faveur de la théorie
kantienne « inattaquée dans son for intérieur » ; il
se portait comme défenseur de l'ex-abbé Houtin.
M. l'abbé Dimnet commençait à manifester son zèle
pour les mêmes doctrines, et enfin le pauvre abbé
Denis injuriait Léon XIII, assez infirme d'esprit
« pour contre-signer *la lettre au clergé français
du défunt Mazella* ». M. Fonsegrive, atteint par la
brochure de Mgr Turinaz sur *les périls de la Foi*,
s'en prenait poliment à ses prétendus inspirateurs
dans la défunte *Quinzaine*. Et, pour clore cette triste
période, éclatait l'apostasie depuis longtemps con-
sommée de Marcel Hébert ; ainsi se creusait de
plus en plus l'abîme où devait sombrer la foi d'un
trop grand nombre.

Nos *Infiltrations kantiennes* (1re édition) appré-
cient ces faits et ces doctrines jusqu'aux derniers
mois de l'année 1902.

Ce qui suivit fut plus lamentable encore. Il ne
s'agissait plus seulement d'exégèse, de philosophie
ou même de théologie, c'est-à-dire des voies d'ac-
cès aux dogmes révélés, des moyens employés pour
les atteindre, des procédés scientifiques qui per-

mettent de les mieux comprendre. Ce sont nos
dogmes eux-mêmes, l'objet direct de notre foi, qui
furent mis en question, que dis-je, qui furent dis-
cutés, analysés dans tous leurs éléments que l'on
essayait de disjoindre pour ruiner à fond toute l'économie de la révélation, ce que nous avons appelé
la *structure interne* de notre dogmatique révélée.
On s'en prit ensuite à ses origines, à sa formation
progressive que l'on dénatura à plaisir. On éleva
des doutes sur son véritable fondateur : était-ce
réellement le Christ en personne? Les apôtres n'en
furent-ils pas les principaux créateurs et tout particulièrement saint Paul? Les critiques qui raison-
naient ainsi étaient bien incapables de se former
un concept exact des prérogatives dont avaient été
investis les promulgateurs apostoliques des vérités
chrétiennes. Ce furent ensuite les relations de l'E-
glise avec le christianisme tout entier, loi morale,
naturelle et surnaturelle, institutions sacramen-
telles, doctrines à sauvegarder et à développer. Ici
se présente la fameuse question de l'évolution des
dogmes qu'ils essaient de brouiller et d'obscurcir,
en se servant du nom respecté de Newman et de
la théorie qu'il commença d'ébaucher, alors qu'il
était encore protestant, et qu'il perfectionna sans
cesse jusqu'à ce qu'elle eût déterminé sa propre
conversion.

Tous ces points et d'autres encore, qu'il serait
trop long de noter, subirent la pression de la cri-

tique la plus aiguë, la plus malveillante et la plus perfide, aidée de toutes les ressources et de toutes les séductions du kantisme et de l'exégèse naturaliste que déjà nous connaissons. Aussi avons-nous tenu à présenter à nos lecteurs un résumé des trois volumes qui ont précédé et préparé ce dernier : *la Théologie du Nouveau Testament et l'Evolution des dogmes. Les Infiltrations kantiennes* sont tout particulièrement nécessaires pour comprendre ce qui nous restait à dire. En réalité, ces différents ouvrages se rattachent, par des liens logiques et ontologiques, au point de n'en faire qu'un. Nos lecteurs en jugeront eux-mêmes.

III

Le Modernisme dogmatique (1).

La polémique proprement dite n'occupe qu'une place assez restreinte dans ce volume, rempli, quant à ses chapitres les plus importants, par une exposition toute positive et objective.

Voici comment nous avons procédé : Pris en ce qu'il a d'essentiel, le christianisme est constitué par deux mystères fondamentaux : l'Incarnation du Verbe et la Rédemption du genre humain par sa mort sur la croix. Cette Rédemption elle-même implique notre rachat et notre régénération ; le rachat est attribué plus directement à la passion du Sauveur et notre régénération à sa résurrection glorieuse qui, dans nos professions de foi, ne se sépare jamais de l'énoncé du supplice du calvaire. Le mystère, plus fondamental encore, de la Trinité des Personnes divines transparaît à travers ceux que nous venons d'indiquer, ainsi qu'on le verra bientôt plus nettement. Reste un quatrième dogme,

(1) *La Théologie du Nouveau Testament et l'évolution des dogmes*, in-12 de xxxii-579 pages.

celui de l'Eglise, qui n'est elle-même qu'un prolongement de l'Incarnation et de la Rédemption.

Sitôt qu'on arrête un regard un peu attentif sur les mystères chrétiens, on y découvre un double élément. C'est tout d'abord un fait sensible, matériel et cependant principal, autour duquel se groupent d'autres faits secondaires, de telle sorte que tout cet ensemble constitue un événement unique dans sa complexité. Puis sous ces faits se cache une réalité supérieure, métaphysique, divine, qui est le dogme lui-même en ce qu'il a de plus substantiel. Cependant les deux éléments, fait sensible et réalité métaphysique, demeurent toujours et indissolublement unis.

Prenons l'Incarnation du Verbe; c'est l'humanité sainte du Sauveur qui est le fait sensible, avec sa conception miraculeuse, sa naissance à Bethléem, l'adoration des bergers et des mages, toute cette série de faits racontés dans l'Evangile de l'enfance, et reliés entre eux comme les manifestations successives et nécessaires de l'humanité du Christ. La réalité métaphysique, divine, cachée sous le fait sensible, c'est le Verbe personnellement uni à cette humanité dans la conception miraculeuse que nous racontent saint Mathieu et saint Luc. Le dogme de la Trinité transparaît, ou même se manifeste de façon assez explicite, dans les premiers récits évangéliques de l'Incarnation du Verbe.

De même le mystère de la Rédemption se compose, si je puis dire, de toute cette série de faits décrits par nos évangélistes, depuis l'arrestation du Sauveur au jardin de Gethsémani jusqu'à son dernier soupir sur la croix, ou même jusqu'à sa descente dans le sépulcre. Toutes les phases du drame nous sont connues, la comparution du Christ-rédempteur au tribunal du grand-prêtre, Caïphe; puis au prétoire de Pilate, sa flagellation sanglante ; le portement de croix et son crucifiement au sommet du Golgotha.

Ce n'est là cependant que l'extérieur du mystère, les dehors de la Rédemption. Ce qui la constitue principalement et en fait la valeur intime, c'est le sacrifice libre et volontaire que le Christ fait de sa personne et de sa vie pour notre rachat et notre régénération. Nous exprimons tout cela en deux mots : *son intention rédemptrice.*

Nous remarquons le même dualisme dans la constitution de l'Eglise : par le dehors elle ressemble beaucoup à nos sociétés humaines; si on pénètre jusqu'à sa vie intime, on la trouve tout autre, car elle n'est qu'un prolongement de la vie même du Rédempteur; elle est animée de son Esprit et de l'Esprit du Père, la troisième Personne de la très sainte et adorable Trinité.

En résumé, les réalités divines sont impliquées dans des faits humains qui leur servent d'enveloppes et de supports tout en les manifestant; car ces réalités s'en dégagent bientôt pour être saisies par notre intelligence et devenir l'objet direct de notre foi.

Comment s'opère ce dégagement et se forme la foi catholique? Il importe de le bien comprendre, et tout ce qui précède a pour but de nous l'expliquer, et de résoudre ainsi les objections les plus graves du modernisme kantien.

Et d'abord, les faits sensibles, les réalités extérieures, dans nos mystères chrétiens relèvent, comme toutes les autres, de la perception sensible et des témoignages historiques qui la continuent; en d'autres termes, ces réalités physiques sont l'objet direct et immédiat d'une connaissance naturelle. La Sainte Vierge perçut d'une façon toute naturelle, avec ses oreilles de chair, les paroles de l'ange annonciateur. Les bergers entendirent de la même manière les communications célestes dont ils furent favorisés. Tous les faits, si miraculeux soient-ils, dont la vie du Christ est remplie, furent perçus naturellement par ceux qui l'entouraient et, dès lors, doivent être considérés, du moins au moment de leur manifestation, comme l'objet direct et immédiat d'une connaissance naturelle. Pour nous, éloignés d'eux par vingt siècles bientôt écoulés, nous les appréhendons par une connaissance tout d'abord historique, à la lecture des Évangiles, et nous entrons ainsi en contact avec le dehors, les apparences sensibles des réalités évangéliques.

Il en va tout autrement, lorsqu'il s'agit de la réalité métaphysique, divine, cachée sous ces phénomènes sensibles. Ce n'est plus simplement avec notre raison naturelle, informée par les sens, que nous la saisissons, mais avec notre foi, en d'autres termes, avec notre raison doublement informée par un enseignement supérieur et divin et par une lumière intérieure, également divine, la grâce.

Prenons comme exemple l'Incarnation du Verbe. Un incrédule, un Renan, si vous voulez, peut lire comme nous l'Evangile de l'Enfance; il y rencontrera l'entretien mystérieux de l'Ange et de la Vierge; puis l'évangéliste lui racontera la conception miraculeuse et les faits qui la suivent. Il en acquiert, comme nous, une connaissance historique et naturelle; le fait sensible, le dehors du mystère ne lui est point étranger. Mais il repousse la réalité métaphysique et divine impliquée dans le fait sensible. Nous, au contraire, nous l'acceptons, nous en vivons; notre connaissance va bien plus loin que la sienne, mais en changeant de nature; elle est de foi divine.

Comment l'avons-nous acquise? Notre réponse à cette question diffère du tout au tout de celle des néo-kantiens catholiques. Cette connaissance de foi vient tout d'abord de l'enseignement positif du Christ lui-même, enseignement qui nous est transmis par l'Eglise. Le Sauveur, né à Bethléem de Juda, parvenu à l'âge d'homme, atteste cent fois sa divinité, en des termes clairs et précis qui ne permettent aucune hésitation, aucun doute; cet enseignement extérieur est, si je puis dire, aidé, éclairé, complété par l'enseignement intérieur de sa grâce, qui est lumière autant que force, lumière avant d'être force et qui, lorsque nous lui sommes dociles et lui donnons le concours de notre libre arbitre, nous persuade de la vérité des paroles du Christ.

Alors la foi se forme en nous, et bientôt elle s'étend aussi aux faits extérieurs et sensibles dans lesquels la réalité métaphysique, divine, est impliquée. Ces faits sensibles, constitutifs du mystère, nous sont certifiés et garantis par la parole du Sauveur. Nous les connaissons alors, non plus seulement d'une connaissance purement historique et naturelle, mais d'une connaissance divine : eux-mêmes sont devenus objet direct de notre foi.

Ce que nous condensons ici en quelques lignes est longuement expliqué et démontré dans notre ouvrage, sous ce titre : *Structure interne de la dogmatique révélée ou théologie du Nouveau Testament.*

***

Une autre question se présente alors d'elle-même : comment s'est formée cette dogmatique ?

Et d'abord il importe de distinguer la formation des dogmes ou mystères chrétiens, de leur promul-

gation. Celle-ci sera nécessairement progressive ;
la nature de l'esprit humain le voulait ainsi ; il lui
était bien impossible de recevoir instantanément
une masse aussi considérable de notions qui le
dépassent. On s'étonne même que cet enrichisse-
ment de l'intelligence humaine par la révélation ait
été aussi rapide. La constitution ou formation proprement dite des dogmes fut beaucoup plus
prompte ; c'est le Christ qui en est le seul, l'unique
auteur. Inutile de chercher un Christianisme pau-
linien ou autre qui ne fût pas de Lui; Il a tout
fait sous ce rapport. S'agit-il au contraire de la
promulgation des dogmes, il n'en est plus ainsi ;
cette promulgation fut et devait être en partie
l'œuvre des apôtres.

Ici encore quelques exemples élucideront notre
pensée.

Si l'on considère l'Incarnation en sa formation
première, elle fut en quelque sorte instantanée, en
ce sens que le Verbe descendit sitôt après le *fiat*
de sa Sainte Mère, en ses chastes entrailles, pour
y prendre notre humanité. Cependant la formation
de cette humanité, tout en échappant aux lois naturelles quant à son principe, s'effectua quant à son
développement selon le mode ordinaire. La promulgation effective et complète du mystère n'eut
lieu que trente ans plus tard par le Christ en personne. Lui seul pouvait mettre en pleine lumière
sa divinité, ce que le concile de Nicée appellera sa

consubstantialité avec son Père. Les apôtres ne firent que répéter ses propres déclarations ; et s'il y eut progression en celles-ci sur les lèvres mêmes du Sauveur, elles furent cependant très nettes et très catégoriques dès le début de sa vie publique (1). C'est pourquoi nous repoussons de toute l'énergie de notre foi et de nos convictions les plus raisonnées et les plus réfléchies les élucubrations de Loisy et de quelques autres sur ce point, et tout particulièrement la lente idéalisation dont ce dogme eût été le résultat.

Le mystère rédempteur commença avec l'Incarnation elle-même, et sa formation ou constitution intégrale dura autant que la vie terrestre du Christ. Il est bien certain que tous les actes de cette vie, même les moindres, étant d'un prix infini, pouvaient mériter le pardon de tous les crimes du genre humain. Mais le Dieu-Homme, dans sa miséricorde infinie, voulut les expier plus manifestement dans sa passion douloureuse et sanglante. Donc il y a progression dans la constitution même du mystère. Mais cette progression est surtout sensible et bien autrement accusée, dans la révélation et promulgation de *l'intention rédemptrice*, en d'autres termes de la réalité surnaturelle, divine, cachée sous les faits extérieurs et sensibles.

(1) Voir, pp. 88, 89 et 90 de la quatrième édition, l'interprétation t les commentaires du Sermon sur la montagne, Math., v ; de la ʳuérison du paralytique, Marc, ii, 5 et suiv. ; du discours à Naza·ʳeth, iv, 16 et suiv.

Cette promulgation sera surtout l'œuvre des apôtres ; la nature du dogme en question le voulait ainsi. Il était tout naturel et même nécessaire que le fait dogmatique, les réalités sensibles, constitutives du mystère, fussent posées, avant que la réalité métaphysique et divine s'en dégageât. En d'autres termes, le Christ devait souffrir sa passion, pour que son intention rédemptrice enfin réalisée eût toute son efficacité et pût être promulguée devant tous et devenir, par cette promulgation même, objet de foi divine. Ses souffrances endurées au calvaire et dans les supplices qui précédèrent le crucifiement ne pouvaient être objet de connaissance sensible qu'après l'exécution de la sentence de Pilate. A plus forte raison le mystère de leur efficacité rédemptrice ne devait apparaître que plus tard ; l'intention rédemptrice se révélerait alors pleinement par ses effets, la conversion du monde dont les apôtres seront les instruments.

Remarquons toutefois que le Christ devança, ici comme partout, l'action de ses apôtres ; lui seul du reste pouvait révéler l'intention rédemptrice elle-même dont il était animé. Et il le fit à diverses reprises, en marquant à l'avance tous les effets ; notamment dans ses déclarations aux fils de Zébédée (1), et bien mieux encore par l'institution de la cène. Là, dans le cénacle, la veille de son sup-

(1) Math., xx, 28; Marc, x, 45.

plice, il en applique, par la plus miraculeuse des anticipations, tous les fruits à ses chers apôtres, en leur donnant à manger ce corps qui, le lendemain, devait être livré pour la rédemption d'un grand nombre.

Cependant la pleine explication du mystère était réservée à saint Paul ; lorsque l'apôtre des gentils aura uni le monde gréco-romain et la race hébraïque, en partie du moins, dans l'amour du Christ rédempteur, il pourra prêcher l'universalité de cette rédemption que les juifs n'auraient pas su comprendre auparavant et qu'ils eurent même bien de la peine à accepter alors. L'efficacité du mystère paraîtra dans toute sa splendeur, lorsque Paul, remontant à l'origine des siècles, rappellera la profondeur de la déchéance originelle et, en face d'Adam pécheur et père d'une race coupable et dégénérée, placera le second Adam, Jésus-Christ, infusant dans les veines du genre humain le sang de la régénération. Ainsi se révèle le rôle des apôtres, ce que la science catholique appelle le *munus apostolicum*, avec les divines prérogatives dont ils furent investis.

La mission du Verbe incarné implique à elle seule une participation substantielle à la puissance divine qui se manifestait dans ses miracles, une participation substantielle à la science divine qui se manifestait dans ses discours, une participation substantielle à la sainteté divine qui se manifestait surtout dans les actes de son sacerdoce. Or, cette puissance, cette science et cette sainteté que le Christ possédait à titre de rédempteur furent communiquées à ses apôtres, qui feront des miracles pareils à ses miracles, qui enseigneront sa doctrine et opéreront des prodiges de sanctification en vertu du même sacerdoce. Pour ne parler que de leur science, l'Esprit de la Pentecôte, non seulement leur fit mieux comprendre tout ce que le Christ leur avait dit, par cette suggestion intérieure qui s'appelle l'inspiration, mais il leur révéla des choses que le Sauveur leur avait à peine insinuées... *Non potestis portare modo*, leur disait-il avant de les quitter; mais l'Esprit qui procède du Père et de Moi-même, viendra et il vous enseignera toute vérité de l'ordre surnaturel; tout ce que vous avez besoin de savoir pour éclairer le monde, *docebit omnem veritatem*.

Cette vérité intégrale subsiste toujours au sein de l'Eglise. Vue en elle-même et dans ses éléments constitutifs, cette Eglise est la rédemption perpétuée et universalisée, et Celui qui opère tout dans son sein, c'est le Christ en personne, le Christ crucifié et ressuscité, portant dans ses blessures et sa chair meurtrie et ensanglantée, et en même temps dans son âme, toutes les richesses surnaturelles, tous les mérites expiatoires et toutes les grâces régénératrices dont nous avons besoin. Le Sauveur habite les tabernacles de nos églises ; nos messes sont le prolongement de sa crucifixion, son sacrifice renouvelé. Les autres sacrements institués par lui tiennent par une mystérieuse soudure à celui de l'Eucharistie qui est le centre de tout et où bat son Sacré-Cœur; ces canaux sacramentels sont comme les veines et les artères du grand corps de l'Eglise; le Sacré-Cœur y projette, par ses pulsations ininterrompues, le sang de la régénération qui arrive ainsi à tous les membres en union avec lui et les vivifie. Nous ne faisons que résumer dans ces quelques lignes la doctrine de l'Epître aux Ephésiens, condensée elle-même dans ce verset tant de fois commenté : *in quo — Christo — totum corpus compactum et connexum per omnem juncturam subministrationis, secundum operationem in mensuram uniuscujusque membri augmentum corporis facit in œdificationem sui in charitate.*

**

L'évolution du dogme et ses altérations par les Néo-kantiens.

Newman, par sa théorie du développement, nous fournit un moyen de pénétrer plus avant encore la divine économie de nos dogmes. On croit généralement que cette théorie ne s'applique qu'à l'évolution de ces dogmes que nous sommes bien obligés d'appeler secondaires, car ils sortent par une

déduction logique des dogmes fondamentaux, ou
bien s'y rattachent par une convenance intrinsèque
et ontologique. Le dogme de la maternité divine de
la sainte Vierge n'est-il pas une conclusion de la
notion exacte de l'unique et divine personnalité du
Sauveur, comme sa conception immaculée est voulue et commandée par une convenance intrinsèque
avec sa divine maternité; tout cela est longuement
expliqué au début de la seconde partie de notre
ouvrage.

Mais ce que nous voulons faire remarquer ici,
c'est que la théorie newmanienne éclaire d'une
lumière précieuse la formation de nos dogmes fondamentaux, progressive, elle aussi, comme nous
l'avons montré. D'après Newman, il y a « à la ra-
cine première de notre dogmatique révélée une
idée-type » qui reparaît toujours reconnaissable,
parce qu'elle est toujours la même, à tous les sta-
des du développement. Cette idée-type porte en elle
un principe actif, une vertu opérative qui tend
sans cesse à se déployer. Et par ce déploiement
même elle rencontre, en son propre milieu, ou dans
l'atmosphère qui l'enveloppe, des idées connexes,
similaires, ou simplement analogues.

Nous avons fait l'application de la théorie newmanienne à nos trois dogmes déjà étudiés, Incarnation, Rédemption et Eglise, et nous avons montré
que, dans chacun d'eux, à leur formation primitive,
se retrouve la triple loi énoncée : maintien persé-

vérant de l'idée-type, continuité du principe opé-
rateur, assimilation d'idées secondaires par la vertu
conquérante de ce principe. Cette dernière loi,
assimilation d'idées secondaires, paraît surtout
dans le dogme de la rédemption, tel que nous l'expliquent saint Pierre et l'apôtre des nations. Ces
idées secondaires et explicatives sont : l'étroite solidarité établie par l'incarnation elle-même entre le
Christ et nous, l'expiation par la souffrance et la
reversibilité de ses mérites sur tous ceux qui se
mettent en état de les recevoir. Tout cela n'est-il
pas déjà exprimé ou inclus dans ce texte de la
I^a Petri : *Qui peccatum non fecit, peccata nos-
tra ipse pertulit in corpore suo super lignum, ut
peccatis mortui justitiæ vivamus, cujus livore sa-
nati estis.* Saint Paul dit la même chose plus énergiquement encore : *Tum qui non noverat peccatum
pro nobis peccatum fecit, ut nos efficeremur justi-
tia Dei in ipso.*

Ces trois idées de solidarité, d'expiation et de
reversibilité appartiennent à l'ordre naturel ; et
nous trouvons la première, celle de solidarité, réalisée dans le groupe familial et à un moindre degré
dans les groupements sociaux. Or, la solidarité
entraîne toujours après elle une certaine reversibilité
de biens et de maux, de jouissances et aussi de
douleurs entre ceux qu'elle unit. L'expiation par
la souffrance est l'idée plus ou moins implicite qui
dirige la mère chrétienne dans la correction de son

petit enfant. Tout cela se rencontre donc dans la nature, mais prend un sens bien autrement élevé dans l'ordre surnaturel et tout particulièrement, lorsque cela entre dans la contexture du dogme fondamental, la rédemption. Remarquons encore que ces notions diverses sont appelées par l'idée-type, selon l'expression de Newman, et par sa vertu conquérante, « sa *vis operativa* ». Cette idée-type, qui se développe et s'explique par cette triple annexion, est l'idée même de rédemption, de rachat.

L'heure est venue de dire ce que le néo-kantisme prétendu catholique a fait de tous ces dogmes sans exception aucune, de la révélation tout entière. Il les attaque et les détruit dans leur notion propre ou leurs éléments constitutifs ; dans les conséquences morales qui en découlent ; dans leur expression authentique et autorisée, formules scripturaires et définitions ecclésiastiques ; enfin dans leurs relations intrinsèques et organiques avec l'Eglise. Et nous prions nos lecteurs de bien remarquer et de suivre jusqu'au bout cette *quadruple* tentative de destruction contre ce qu'il y a de plus intime et de plus sacré dans le christianisme. M. Edouard Le Roy, le plus audacieux et peut-être aussi le plus logique des néo-kantiens, déclare la notion de nos dogmes les plus essentiels « impensable, inintelligible », dès lors qu'elle se présente « avec un caractère intellectualiste », au lieu d'être simplement préceptive.

Ainsi l'Incarnation du Verbe, objet des définitions de Nicée, d'Ephèse et de Chalcédoine, des
spéculations et méditations des Pères et Docteurs
de l'Eglise, d'un saint Augustin, par exemple, des
études approfondies de nos théologiens les plus
illustres, d'un saint Thomas, pour ne nommer que
lui, des plus grands écrivains de notre littérature
française, un Bossuet entre tant d'autres ; le mathé-
maticien, philosophe un peu improvisé, M. Le Roy
déclare tout cela inintelligible, impensable pour
sa philosophie. Ou bien encore, tout cela est impro-
pre à nous donner aucune théorie représentative,
même rudimentaire, des réalités dont on enseigne
l'existence.

Je n'en suis nullement surpris : sans doute M. Ed.
Le Roy arrange le kantisme à sa façon, mais au
fond il est kantien, tout autant que disciple de Bergson. Il refuse à la raison théorique, à l'intelligence
humaine, la capacité d'atteindre toute notion métaphysique ou même simplement intellectuelle au
vrai sens de ce mot. *A fortiori* cette raison ne connaît rien de Dieu, de ses attributs moraux : sa sainteté, sa justice, sa bonté ; rien de ses attributs
métaphysiques : son immensité, son éternité, son
infinité ; rien de sa providence, ni sa causalité créatrice, ni sa causalité finale, ni sa causalité exem-
plaire. Or nos mystères chrétiens, le mystère de la
rédemption, par exemple, est la mise en œuvre, si je
puis dire, de ses attributs et tout particulièrement

de sa sainteté, de sa justice et de sa bonté. Cette sainteté exigeait une éclatante réparation du crime commis par le chef de la race humaine, et comme aucun des descendants de ce dernier ne pouvait l'offrir, le Verbe, fils de Dieu, mû par sa bonté miséricordieuse, se fit homme, s'inséra dans la lignée adamique, afin de payer notre dette par ses souffrances, et de reverser sur la tête de tous ses frères d'adoption ses propres mérites expiatoires.

La théorie de ce grand mystère, sous la plume de saint Paul, est très belle ; elle embrasse la terre et les cieux, les explique en les réconciliant. C'est là un ensemble de notions éminemment intellectuelles ; la raison amputée par le kantisme n'y doit rien comprendre et M. Le Roy devait déclarer le tout « impensable, inintelligible ».

Mais que veut-il donc mettre à la place ? Qu'est-ce que « ce caractère préceptif » sous lequel aurait dû se présenter le mystère rédempteur, pour lui sembler acceptable ?

Sans doute de grands devoirs se dégagent de la croix du Christ rédempteur et s'imposent à notre foi. Ses mérites expiatoires, par exemple, ne sont réversibles sur nous qu'à la condition que nous entrions dans des dispositions morales, un peu semblables à celles qui l'animaient lui-même à l'heure de sa passion.

Le sentiment qui l'emportait sur tous les autres,

puisqu'il l'avait conduit jusqu'au calvaire, c'était la haine du péché. Cette haine du péché doit s'emparer aussi de nous tous, et engendrer dans nos cœurs un immense regret de l'avoir commis, la résolution fermement arrêtée de nous en garantir à jamais. Mais comment ces dispositions morales pourraient-elles naître en un homme, qui ne veut rien connaître du mystère rédempteur, ou du moins rien de ce qu'il y a de plus essentiel dans l'œuvre du Christ? Pour nous exprimer en quelques mots plus simples et plus vrais : la morale sort du dogme, le précepte naît du mystère lui-même. Le kantien nie ou veut ignorer ce mystère, il a ruiné le précepte dans son fondement indispensable. Toute morale surnaturelle a péri avec la révélation qui en était la source.

Que veut donc M. le Roy en exigeant que le dogme se présente « sous les espèces de l'action, ou avec un caractère préceptif » ? Tout simplement le ramener à « l'autonomie de la volonté bonne ou raisonnable » de Kant. M. Blondel ne nous a-t-il pas déjà dit que, « ni comme enseignement traditionnel, ni comme obligation surajoutée — ou surnaturelle — il n'y a pour lui vérité qui compte et précepte admissible sans être de quelque manière, *autonome* et *autochtone* ». Et nous avons remarqué la portée de ces derniers mots. M. Ed. Le Roy est bien de cet avis ; mais ses audaces vont beaucoup plus loin, lorsqu'il expose les représenta-

tions intellectuelles qu'il se fait du dogme préceptif, produit de la volonté autonome et vérifié
par le pragmatisme. Alors il s'abandonne à toutes
les fantaisies et à toutes les intempérances de son
système idéaliste. Son dieu à lui est le dieu de
l'Eternel *devenir* qui, tout au plus, préside à la perpétuelle évolution des phénomènes, et au lieu de
les gouverner se confond avec eux ; en un mot,
c'est le dieu du panthéisme. Kant avait placé, au
sommet de sa construction morale, un dieu qui
semblait avoir pour unique fonction de récompen-
ser des vertus à la formation desquelles il demeu-
rait parfaitement étranger. Les néo-kantiens lui
prêtent une autre attitude ; ils le mêlent à tout ce
qui est action, activité, manifestation des forces
immanentes, émergeant des profondeurs de la
conscience subliminale. Mais, lorsque le système
est poussé jusqu'au bout, c'est cette conscience
qui le crée, en même temps que ces forces et ces
activités avec lesquelles ce dieu se confond, afin
de les mieux diviniser elles-mêmes. Le résultat de
cette fusion ou de cette confusion s'appelle le panthéisme, la religion de ceux qui n'en ont plus et
qui pourtant refusent de se dire athées. Cette religion aujourd'hui, je veux dire chez nos contempo-
rains, est éminemment kantienne par ses origines.

Le néo-kantisme catholique, destructeur du
dogme et de la morale, repoussera évidemment les
formules, soit scripturaires, soit ecclésiastiques qui

les expriment, pour deux motifs qui valent d'être notés : c'est que ces formules devraient être comprises des esprits les plus simples, et en second lieu ne gêner en rien la science « ni s'insérer, comme l'on dit, dans son *processus*, de manière à entraver ses méthodes ». Or, ces deux conditions, prétendent les néo-kantiens, ne sont jamais remplies, surtout avec les formules ecclésiastiques ou définitions conciliaires.

Et nous, nous demandons s'il est nécessaire que les décrets du Concile de Trente, par exemple, soient compris du dernier des fidèles comme ils le sont des théologiens? cela ne nous apparaît pas. Que demande l'Eglise aux esprits simples ? Qu'ils connaissent les vérités nécessaires de nécessité de moyen et de nécessité de précepte. Et aux esprits obtus? Qu'ils connaissent les seules vérités nécessaires de nécessité de moyen, ce qui n'est pas bien difficile.

Son attitude est autre à l'égard de la science, ou plutôt de ceux qui s'en prévalent. Sans doute, elle respectera la liberté de leurs méthodes, aussi longtemps qu'eux-mêmes ne toucheront pas à ses dogmes ni aux définitions qu'elle en aura données. Mais que, sous prétexte de science philosophique, le monisme matérialiste vienne nier la spiritualité de l'âme, ou que le panthéisme émanatiste nie Dieu et la création, l'Eglise frappera ces doctrines des condamnations les plus expresses.

Les néo-kantiens ne l'entendent point ainsi, pour beaucoup de motifs, et tout spécialement parce qu'ils se sont formé un concept bien à eux du magistère de l'Eglise. Ecoutons-les à ce sujet.

Autrefois, lorsque la dogmatique révélée était considérée comme un ensemble de notions intellectualistes et spéculatives qui avaient besoin d'être expliquées et interprétées, il était tout naturel qu'une hiérarchie enseignante et autoritaire fût chargée de ces interprétations explicatives. Mais aujourd'hui la dogmatique parle et surtout parlera désormais « un langage de connaissance pratique, traduisant la vérité par la réaction vitale qu'elle provoque dans l'âme humaine ». Ou bien encore, selon M. Blondel, « c'est l'expérience religieuse, l'action fidèle, *praxis fidelium*, qui est l'arche d'alliance où demeurent les confidences de Dieu, le tabernacle où il perpétue sa présence et ses enseignements». Cette action fidèle, ainsi le veut la raison pratique, est la pierre de touche de la bonté et de la justesse des prescriptions divines, et aussi de la vérité intrinsèque de tout le système doctrinal.

Tyrrel surtout a mis en relief les conséquences de cette théorie : le siège de l'infaillible interprétation de la doctrine s'est déplacé; il est descendu dans le peuple. Sans doute, la hiérarchie subsistera toujours entourée de respects; mais elle sera simplement chargée d'enregistrer les résultats des réactions vitales, provoquées par le précepte dogmatique. Ce pouvoir consacrera l'élaboration populaire et démocratique; c'est ce qu'un autre néo-kantien appelle « la fonction vitale harmonisante et coordonnatrice dans le grand organisme catholique, composé de cellules maîtresses de leurs destinées ».

Cependant l'élaboration populaire et démocratique aura deux degrés qui se superposent et demeurent très inégaux. On pourrait les appeler l'Eglise enseignée : *Ecclesia docibilis simpliciter dicta*, et l'Eglise qui apprend, qui étudie : *Ecclesia discens*, composée de ces pseudo-intellectuels qui déclament contre l'intellectualisme catholique, pour le remplacer par un autre, la mentalité kantienne ou moderniste. Nous verrons la même chose se produire sur le terrain démocratique ou politico-social où Marc Sangnier prétendait former des *élites*, mais des élites toujours démocratiques, pour remplacer les aristocraties anciennes. Ici les élites, ou l'*Ecclesia discens*, seraient exclusivement composées de néo-kantiens, chargés de former l'opinion des foules, leur mentalité, qui peu à peu contraindraient l'*Ecclesia docens*, le pouvoir hiérarchique, l'épiscopat devenu simple chambre d'enregistrement, à modifier les vieilles formules et à les remplacer par d'autres, adaptées à l'esprit moderne.

La révolution kantienne, anti-doctrinale et anti-religieuse, doit nous apparaître dans toute son

extension et toute sa profondeur : plus de dogme
proprement dit ni de révélation ayant apporté au
monde des notions véritablement nouvelles, propres
à enrichir son intelligence. A sa place, voici des
préceptes tirés des profondeurs de l'immanence,
expression de la volonté autonome, se traduisant
en langage de vie, c'est-à-dire se faisant l'expression des expériences ou des fantaisies de chacun.
Les plus simples les comprendront, puisqu'ils ne
feront qu'exprimer leur mentalité personnelle, et
ils ne gêneront ni la science, ni les savants, cette
science fût-elle la négation de Dieu et de l'âme ;
ces savants fussent-ils des panthéistes, habiles à
cacher sous je ne sais quelles apparences évangéliques des doctrines qui sont la négation la plus
radicale de tout christianisme. Enfin l'interprétation de ce pseudo-catholicisme sera livrée aux foules,
ou plutôt aux néo-kantiens, leurs inspirateurs, les
vrais docteurs de l'Eglise moderniste, et la hiérarchie devra se contenter d'enregistrer les solutions
fournies par l'expérimentation des foules. Les conciles de l'avenir, faisant suite à celui de Chicago,
sanctionneront les résultats de l'élaboration populaire et démocratique, source de toute vérité.

Ce que nous venons de résumer dans ces quelques pages est le fruit de six années de réflexions
et d'études très attentives et très persévérantes. Il
a fallu que les faits qui y sont relatés se produisis-
sent sous notre regard, que tant d'écrits mauvais

que nous avons analysés vissent le jour, signés de noms authentiques ou de pseudonymes qui ne parvenaient point à dissimuler le caractère ecclésiastique de leurs auteurs, pour nous amener, comme malgré nous, à cette conviction : c'est que l'Eglise traverse l'une des plus redoutables crises qu'elle ait jamais subies.

Un esprit singulièrement pénétrant et sagace avait prévu et décrit toutes ces choses, dès 1902, dans les lignes suivantes que je me fais un devoir de reproduire : « Sur tous les points à la fois, la doc-« trine traditionnelle de l'Eglise est ébranlée ; de « toutes parts, la pensée chrétienne est circonve-« nue, le sens catholique faussé : dogme, morale, « discipline, Ecriture Sainte, tradition, philosophie, « droit naturel, rien n'échappe à cette influence « dont l'action délétère s'insinue partout.

« La foi est en péril ; la divine constitution de « l'Eglise est menacée, et cependant beaucoup s'ob-« stinent à ne pas voir le danger.

« Ce dévergondage d'erreurs donnera-t-il un « jour naissance à quelque grande hérésie. On peut « le craindre, car il y a, sous toutes ces formes « diverses de l'esprit de nouveauté, une pensée « commune d'où les autres procèdent, une idée maî-« tresse qui donne à l'ensemble force et cohésion. »

Ces lignes sont extraites d'un livre dont le titre seul résume tout le mouvement moderniste, condamné cinq ans plus tard par l'Encyclique *Pascendi*

gregis : *Nouveau catholicisme et nouveau clergé.*
Qui donc aurait pu exprimer plus énergiquement
que ne l'a fait ici M. Charles Maignen, toutes ces
altérations successives que nous venons de décrire?
Il les avait toutes pressenties et comme devinées et
indiquées à l'avance dans ces chapitres révélateurs :
Théologie nouvelle. La réforme au séminaire.
Philosophie nouvelle. Un catholicisme acceptable.
Séminaristes sociaux, etc., etc... .

Ceux qui mettent au-dessus de tout les intérêts
de l'Eglise et la défense de la vérité ne se conso-
leront jamais de ce que M. l'abbé Maignen ait
beaucoup trop tôt déposé une plume qu'il tenait si
bien, et qui a fait l'honneur de l'association à
laquelle il s'est donné.

IV

Les derniers blasphèmes du modernisme dogmatique (1).

Dans son fascicule de mars-juin et dans celui de juillet-août 1906, la *Revue d'histoire et de littérature religieuse* publiait des articles blasphématoires contre la Trinité et la Divinité de Jésus-Christ. La négation était brutale et exprimée en un style lourd et épais, qui révélait une autre main que celle de Loisy. On ne faisait aucun frais d'argumentation ; tout au plus y avait-il étalage de textes cités à propos de controverses trinitaires. Le dogme y était donné comme le résultat d'un compromis entre la formule liturgique du baptème et certaines notions philosophiques ou religieuses. Le tout était signé Antoine Dupin.

Un peu plus tard, en mars-avril 1907, la mème

(1) Nous venions d'achever la rédaction de notre *Théologie du Nouveau Testament*, lorsqu'éclatèrent les scandales que nous rappelons ici. Une réimpression des *Infiltrations kantiennes*, commencée peu après, nous permit de les apprécier d'une façon beaucoup trop rapide dans une quatrième section que nous ajoutâmes à ce volume. Nos lecteurs y trouveront donc le complément de la *Théologie néo-testamentaire*, et aussi le texte français du décret *Lamentabili* et de l'Encyclique *Pascendi dominici gregis*, qui demeurera la condamnation suprême et irréformable du mouvement d'idées que nous avons persévéramment combattu.

revue insérait une thèse contre la conception virginale du Sauveur. Les arguments étaient à peu près les mêmes que ceux que l'on avait précédemment employés; ils avaient été puisés aux mêmes sources, la pièce était signée Guillaume Herzog et datée de Lausanne; mais personne ne s'y laissa prendre, ou du moins les hommes un peu initiés virent d'un premier coup d'œil que les deux thèses étaient de même provenance.

Le cardinal Richard les condamna l'une et l'autre le 28 mai 1907. Ce même jour, Loisy faisait parvenir à ses abonnés, avec une avance d'un mois, la livraison juillet et août de sa revue, contenant un nouvel article de Guillaume Herzog : *la Virginité de Marie après l'enfantement.*On devine les commentaires d'Herzog sur les textes cent fois expliqués où il est question des frères du Sauveur. « La virginité *post partum*, dit-il, a été inventée par les moines ou du moins — car Herzog n'en est pas bien sûr, — pour satisfaire aux tendances des ascètes vers le célibat, et elle entra ainsi très aisément et très profondément dans la conscience de l'Eglise. »

Herzog ne s'est pas demandé si ce ne serait pas la virginité perpétuelle de Marie dans la conception du Sauveur tout d'abord, et après cette conception, qui aurait créé l'ascétisme monacal et le célibat dont il est accompagné, sans parler du célibat ecclésiastique. Ce qui me le ferait croire, c'est que

ce célibat est attaqué dans la mesure où les idées
d'Herzog et d'Antoine Dupin acquièrent du crédit.
A fructibus eorum cognoscetis eos. A ceux qui prétendent que le modernisme est bien mort, comme
les théories Herzog-Dupin, je demanderai comment ils expliquent la campagne conduite actuelle-
ment et dans toutes les parties du monde catholique contre le célibat ecclésiastique. La *Revue
moderniste internationale* (juillet-août 1911) énu-
mérait tous ces assauts et les organes de publicité
qui s'en faisaient les instruments : à Naples, le
« Battagli d'Oggi »; en France, une édition populaire du livre moderniste de l'abbé d'Olonne; traduction en langue tchèque du pamphlet allemand
du curé Wurtembergeois Siegfried Hagen; l'a-
dresse anticélibataire à l'archevêque de Munich
par le moderniste docteur Sickenberg, traduite en
tchèque par la revue libre-penseuse « Volna-Mys-
lenka »; pamphlet anticélibataire du prêtre apostat
espagnol Pey Ordeix; mouvement anticélibataire
d'un groupe de prêtres modernistes du diocèse de
Parme, d'accord avec le groupe moderniste de
Naples, etc., etc... » (*Correspondance de Rome*,
samedi 21 octobre 1911.) Ajoutons le livre de ce
vicaire à Saint-Germain-l'Auxerrois de Paris, Gla-
raz, tout récemment condamné par l'archevêque
diocésain. C'est plus qu'il n'en faut pour gêner les
endormeurs au jugement desquels le modernisme
n'est plus qu'un rêve.

Mais revenons à Herzog-Dupin. En mars et avril 1908, M. l'abbé Saltet, professeur à la Faculté de théologie de Toulouse, publiait dans le *Bulletin* de cette faculté deux articles sensationnels, où il prouvait, de façon irrécusable, qu'Herzog-Dupin n'avait fait qu'exploiter les travaux antérieurs de M. l'abbé Turmel, prêtre du diocèse de Rennes. Ce qu'il y a de plus extraordinaire, c'est que M. Turmel, dans dans un compte-rendu assez sympathique des élucubrations Herzog-Dupin, accepté ou sollicité par la *Revue du clergé français*, semblait ne s'être pas aperçu du rapt commis à son détriment et de l'usage que l'on en avait fait.

Dès lors, M. Saltet n'était-il pas en droit de se demander si M. Turmel n'était pas de connivence avec Herzog et avec Dupin, ou du moins s'il ne leur avait pas donné un consentement tacite par lequel ils se sentaient suffisamment couverts? M. Saltet reconnaissait, il est vrai, que les textes en question avaient été arrangés de manière à en faire sortir plus qu'ils ne contenaient. Mais c'était précisément un motif pour M. Turmel d'élever contre cette sorte de falsification commencée une protestation énergique. Il n'en avait rien fait; c'est donc qu'il leur donnait un blanc-seing et ne déclinait point une collaboration partielle à leur œuvre.

M. Saltet posait toutes ces questions et d'autres encore; c'était son droit et même son devoir. M. Turmel n'y répondit que de fort mauvaise grâce et, à

notre avis, de façon tout à fait insuffisante. Il nia
être, à un degré quelconque, l'auteur des élucubrations d'Herzog et de Dupin, avec lesquels il n'avait
eu aucun rapport, du moins au sujet des sus-dites
élucubrations. D'autres incidents se produisirent
autour de cette affaire : interventions de M. Bri-
cout, de l'archevêché de Rennes, etc., qu'il serait
trop long de raconter ici.

Pour connaître l'esprit et les procédés habituels
de M. Turmel, on n'aurait qu'à se reporter à une
interminable controverse que nous dûmes soutenir
contre lui, dans la *Revue du Monde catholique*, à
propos de l'*éternité des peines* de l'enfer et de l'hérésie des miséricordieux. Commencée le 14 avril
1897, elle continua une année presque entière,
pour se clore par une lettre que nous adressâmes
à M. Turmel et qui forme le dernier chapitre de
notre volume : les *Infiltrations protestantes et le
clergé français*, sous ce titre : *Plus d'enfer pour
les chrétiens*. Au choix des textes, à leur interprétation risquée, aux mutilations qu'il leur fait subir
quand la controverse l'y amène, on comprendra le
parti qu'Herzog et Dupin pouvaient tirer des livres
de M. Turmel, toujours conçus dans le même esprit
et presque tous frappés de condamnation par
l'*Index*.

Mais quel mystérieux personnage se cachait
donc derrière ce double pseudonymat, Herzog et
Dupin? Tout le monde aurait voulu le savoir et

contempler, dans une lumière sans ombre, cette rare
figure de traître blasphémateur. Car, nulle hésitation n'est possible, c'est un prêtre qui a écrit ces
blasphèmes, et l'ex-abbé Houtin, sans doute bien
renseigné, nous affirme qu'il jouit de tous ses pouvoirs ecclésiastiques. Loisy a écrit à peu près la
même chose; le clan adverse le connaissait et
devait rire de notre ignorance, qui persiste aujour-
d'hui même. Des complicités intéressées ont dû
protéger Herzog-Dupin, qui pourra imiter jusqu'au
bout ce triste abbé de Meissas, dont les dernières
années furent employées à démontrer en Sorbonne,
et toujours revêtu d'une soutane, que la papauté
ne datait que du iv° siècle. Après quoi on l'enterra
avec tous les honneurs ecclésiastiques, et, depuis,
Houtin nous a servi, par tranches successives, le
testament d'incrédulité qu'il en avait reçu, en bonne
et due forme.

Herzog-Dupin, qui boit, dans le calice de sa
messe, le sang du Christ Rédempteur qu'il a blas-
phémé, sans avoir fait depuis la moindre réparation, pourra lui aussi enrichir la bibliothèque moderniste de la librairie Nourry d'un testament ana-
logue. Ce sera une preuve de plus qu'à l'heure
actuelle le modernisme est bien mort, ainsi que le
veulent les endormeurs.

***

Le scandale d'Herzog-Dupin se doubla de la pu-

blication du livre, *Dogme et critique*, où M. Edouard
Le Roy niait la résurrection de Jésus-Christ. Le
système est complet; après la Trinité et l'Incarnation, il fallait frapper le fait miraculeux par excellence, la Résurrection qui couronna et acheva, en la
sanctionnant, l'œuvre du Christ rédempteur.

D'après M. Le Roy, ce dogme est « impensable » et n'a pas d'objet que l'on puisse saisir.
« Aucun concile, écrit cet auteur, n'a défini ce que
« c'est qu'un fait objectivement réel, ni à quel ordre
« de faits appartient la résurrection de Jésus, ni
« en quel sens précis elle est un fait, ni quelle sorte
« de connaissance nous pouvons en avoir. »

Oui, les conciles n'ont jamais rien défini sur tous
ces points, pour ce motif bien simple, c'est que la
tradition catholique, l'enseignement commun qui,
à le bien prendre, a la même autorité, est très suffisamment explicite et acceptée de tous les vrais
fidèles. La Résurrection est un fait sensible en même
temps que miraculeux, et le concile du Vatican a
cependant défini, ainsi que nous l'avons rapporté,
que ces faits, celui-là en particulier, peuvent être
certainement connus par la raison naturelle et dès
lors se rangent parmi les motifs externes de crédibilité.

Le Christ ressuscité, nous dit M. Le Roy, appartient à un autre ordre, différent sans doute de l'ordre sensible, — celui des corps glorieux. Cela est
inexact; l'état du Christ ressuscité était un état

intermédiaire entre son état antérieur et l'état proprement dit glorieux. En tout cas il était très sensible ou accessible à tous nos sens : les apôtres le voyaient, l'entendaient, le touchaient, inspectaient ses blessures cicatrisées. Que fallait-il de plus pour s'assurer de son identité ?

Au jugement de M. Le Roy, l'expérience religieuse des apôtres, et nous dirons bientôt ce qu'il entend par là, a créé ces hallucinations *vraies*, ces apparitions du Christ-fantôme, comme les expérimentations du savant créent *le fait scientifique*. Et d'abord il est faux que l'expérimentation *crée* le fait scientifique qui existe dans la nature, avant même d'y avoir été aperçu. L'expérimentateur en a tout simplement découvert les lois et il en détermine la reproduction par celle de ses conditions nécessaires. Ce n'est pas là du tout une création.

De plus, en quoi l'expérience religieuse des apôtres, telle que l'invente M. Le Roy, ressemble-t-elle à l'expérimentation du savant, de l'inventeur ? Je ne parviens pas à le découvrir. Du vivant de Jésus, nous dit-on, ils le croyaient Dieu, ou plutôt ils croyaient que Dieu était avec lui. Après sa mort, leur esprit, tout plein de ces ressouvenirs, possédé d'une foi vraiment créatrice, est hanté par ces hallucinations vraies ou crée lui-même ces apparitions.

Mais tout cela ne repose sur rien, ou plutôt est contredit par les documents évangéliques. La vérité, c'est qu'après la Passion les apôtres étaient profondément découragés et ne se laissèrent gagner par l'espérance et la foi que lentement, péniblement, sous l'influence de ces apparitions maintes fois répétées. Je ne croirai, disait l'un deux, qu'après avoir introduit mes doigts dans les cicatrices de ses pieds et de ses mains : *in loca clavorum.*

Et que dites-vous de ces 5oo témoins, convoqués sur une colline de Galilée et parmi lesquels se rencontrèrent des incrédules?

M. Le Roy a comme le sentiment de ses propres sophismes : rien de tout cela ne suffit pour expliquer la foi à la résurrection. Alors il ose en appeler à la grâce. Mais que peut être la grâce dans ce système? Dès lors, ajoute-t-il, tout vient de Dieu, tout est divin dans ces hallucinations absolument mensongères, comme toutes les représentations intellectuelles du dogmatisme moral. Tous les moyens semblent bons pour soutenir sa thèse ; il en appelle au pragmatisme ; cette foi des apôtres a été féconde ; ses effets durent encore. Oui, parce qu'elle est, non pas la foi kantienne et panthéiste que vous créez de toutes pièces, mais parce qu'elle fut chez les apôtres la foi véritable, la foi catholique, appuyée sur la grâce et sur la raison, en pleine et réelle possession de son objet : ce fait sensible et divin, ce fait miraculeux que vous blasphémez, la résurrection du Sauveur.

Ces scandaleuses négations hâtèrent certaine-

ment le grand acte que Pie X méditait depuis
longtemps, je veux dire la publication de l'Encyclique *Pascendi !* Le 24 mai 1907, le cardinal
vicaire Respighi condamnait à Rome le livre de
M. Ed. Le Roy, *Dogme et critique*, et cette condamnation était réitérée et sanctionnée à Paris le 28 du
même mois, par le cardinal Richard, qui réprou-
vait, ce même jour et de la même manière, les élucubrations Herzog-Dupin.

Le décret *Lamentabili* du Saint-Office, contenant la collection de toutes les propositions erro-
nées propagées par les modernistes, paraissait le
3 juillet et enfin le 8 septembre de cette année 1907,
l'Encyclique *Pascendi dominici gregis* brisait toute
cette diabolique synthèse du modernisme, et traçait
la voie dans laquelle devaient s'engager, pour la
suivre jusqu'au bout, les sciences ecclésiastiques,
presque toutes atteintes et faussées par ce mouvement d'hérésies que l'Eglise n'avait jamais
connues.

Les évêques de la catholicité tout entière firent
écho à la voix du Souverain Pontife, et notifièrent
à leur clergé et à leurs peuples les documents indi-
qués ci-dessus. L'émotion fut grande parmi les
modernistes, qui nièrent pour la plupart avoir
jamais professé ces erreurs. Loisy fut le premier à
parler et à agir de la sorte, dans toute une série
de publications tout à la fois insidieuses, hypo-
crites et violentes. M. Fonsegrive mêla à des récri-

minations amères quelques considérations assez
justes, notamment l'aveu que, si la somme des
erreurs dénoncées et condamnées ne pouvait être
attribuée dans son intégralité à aucun des écrivains visés, toutes ces erreurs se retrouvaient
cependant éparpillées sur le chemin parcouru ; à
chacun donc de reconnaître sa part. M. Blondel
s'enferma dans un silence qu'il a eu le tort de rom-
pre plus tard, en des pages très amères et très
violentes. Le P. Laberthonnière est resté exactement ce qu'il était. Peu à peu, les productions
modernistes sont devenues plus rares, l'œuvre
exclusive d'un petit clan d'esprits dévoyés, prêtres
renégats et laïcs sectaires, en communion avec les
protestants libéraux et des politiciens haineux
comme Buisson. La librairie Nourry en a presque
le monopole, du moins en France; les apostats
étrangers leur font écho.

Est-ce à dire que les doctrines modernistes aient
disparu, et que les victimes trop nombreuses de
ce misérable mouvement soient revenues à des
idées plus saines et aient accepté pleinement et
parfaitement l'Encyclique? Nous ne le pensons
pas ; les plaies intellectuelles ne se ferment point
si promptement et si aisément, et celles-ci pourraient fort bien se rouvrir. Le modernisme dogma-
ticien sera le grand péril intellectuel de tout le
xxe siècle. Les écrivains catholiques, pris en masse,
sont loin d'avoir fait tout ce qu'ils auraient pu et

tout ce qu'ils auraient dû pour le conjurer et l'anéantir. Sans doute, un certain nombre ont combattu le bon combat ; leurs livres sont connus et il y en a d'excellents ; mais que d'autres sont demeurés ce qu'ils étaient, les outranciers d'une pacification dont les adversaires ne veulent pas !

Nous aurions désiré voir s'élever partout, dans tous les centres intellectuels un peu importants, des chaires du Syllabus *Lamentabili* et de l'Encyclique *Pascendi gregis*, du haut desquelles les théologiens et les savants les plus autorisés auraient commenté, expliqué et justifié au besoin ces documents si graves. Où donc ces chaires se rencontrent-elles ? Les grands organes de la publicité catholique n'ont pas été complètement muets. Non seulement ils ont reproduit, en y adhérant sans réserve, et l'Encyclique et le décret, mais ils leur ont consacré quelques articles. Ce n'était point assez pour redresser l'opinion et faire entrer profondément dans l'esprit public la vraie doctrine romaine. Il eût fallu y mettre plus de zèle et surtout de persévérance.

Nous demanderons la preuve de ces affirmations aux documents romains eux-mêmes.

Trois ans après, le 1er septembre 1910, Pie X adressait aux évêques le *Motu proprio : Sacrorum antistitum* débutant ainsi : « Nous pensons qu'il n'a « échappé à aucun des pasteurs de l'Eglise que cette « race très astucieuse des modernistes, à laquelle,

« dans notre lettre Encyclique *Pascendi dominici*
« *gregis*, nous avons arraché le masque sous lequel
« elle se cachait, n'a point renoncé au dessein de
« troubler la paix de l'Eglise.

« Ils n'ont point cessé, en effet, de recruter et
« d'unir dans une alliance clandestine de nouveaux
« complices, et avec eux ils continuent à inoculer le
« virus de leurs opinions dans les veines de la chré-
« tienté, au moyen de livres et de brochures anony-
« mes ou signées de faux noms... »

Le pape passe en revue les principales sciences
ecclésiastiques, philosophie, théologie, etc., et in-
dique les moyens de les assainir — les mêmes à peu
près que nous avons étudiés dans ce travail, résumé
de nos ouvrages antérieurs ; — puis il détermine avec
les plus grandes précisions les moyens propres à
empêcher la propagande moderniste ; et enfin, con-
densant toutes ces instructions dans les formules
mêmes du concile du Vatican, pour mieux établir
la continuité de la tradition catholique, il rédige
une profession de foi qui devra être prononcée et
signée par tout prêtre exerçant une fonction ecclésiastique quelconque, et par les clercs devant être
promus aux ordres majeurs. Le tout sera sanctionné
par le serment, et les actes authentiques de ces pro_
fessions de foi et de ces serments seront conservés
dans les curies épiscopales et les bureaux des congrégations romaines. C'est là ce que M. Gaudeau,
dans son excellente revue anti-kantiste, a très exac-

tement nommé le corps à corps de l'Eglise et de l'hérésie moderniste.

La réponse des modernistes est connue ; rédigée à Paris en octobre 1910, envoyée aux évêques français le 7 nov... elle a été à peu près la même dans tous les pays. C'est un manifeste anonyme, impudent et mensonger, qui prétend se servir du serment exigé par Pie X pour mieux masquer une aspostasie sacrilège, en demeurant au sein de l'Eglise avec le dessein avéré d'en profaner les sacrements et d'en empoisonner la doctrine. Jamais acte plus lâche et plus misérable n'a été signé par la plume de traîtres. Mgr Laurans, évêque de Cahors, le publia en faisant suivre chacun de ses considérants d'une brève réplique.

Nous en reproduisons les premières lignes et la conclusion.

« Profondément convaincu que l'Eglise ne doit
« pas être identifiée avec la curie et les congréga
« tions romaines...; que le droit naturel ne permet
« à personne d'opprimer les consciences... qu'on
« ne fait pas la religion à coups de censures...;
« qu'un trait de plume ne suffit pas pour priver un
« prêtre des droits qu'il tient de sa dignité d'homme
« de son baptême, de son ordination...;

« Pour ces motifs et pour bien d'autres qu'il se-
« rait trop long d'énumérer, de nombreux ecclésias-
« tiques appartenant à tous les diocèses ont résolu
« de faire le geste imposé par la constitution.

« *Sacrorum antistitum,* et tant dans les circonstan-
« ces présentes que dans les circonstances de même
« nature qui pourraient ultérieurement se présen-
« ter, de remplir la *formalité du serment.*

« Mais avant de subir cette violence, ils tiennent
« à protester devant Dieu et devant vous, Monsei-
« gneur, qu'un tel acte n'engage point leur conscience
« et ne modifie en rien leurs idées : que jusqu'à
« plus ample informé, ils restent aujourd'hui ce
« qu'ils étaient hier, et que, réservant leur adhé-
« sion intérieure, complète et absolue, l'adhésion
« de toute leur âme » pour ce qui constitue l'essen-
« tiel de la foi — kantienne sans doute? — ils se
« contentent pour le reste de se renfermer autant
« qu'il leur sera possible dans un silence respec-
« tueux. »

    Paris, octobre 1910.

On aurait tort de considérer ce document comme
une pure bravade; il me semble plus sérieux qu'on
ne l'a généralement pensé, et n'a point été accueilli
dans certains milieux avec ces énergiques réproba-
tions qu'il eût dû exciter dans tous nos rangs.

Qu'on se reporte à ce que nous avons dit sur le
concept de l'Église chez les néo-kantiens, et l'on
verra que l'hypocrisie de leur conduite, dans cette
question de la profession de foi et du serment,
n'est qu'une application très logique de leurs principes. Si les décrets de foise préparent désormais

au sein des foules suggestionnées par les intellectuels de l'*Ecclesia discens,* et que la hiérarchie ne
soit qu'un pouvoir enregistreur des réactions vitales et démocratiques, traduction approximative et
aussi exacte que possible de la vérité des dogmes
eux-mêmes, les modernistes n'ont qu'à attendre
« dans un silence respectueux » l'achèvement de
l'évolution dont ils sont les auteurs. Dans quelques
années ils seront les maîtres, et l'Eglise aura vécu.
Du christianisme, il ne resterait qu'une parodie.

Cela ne sera pas; nous en avons pour garant le
texte évangélique : *Ecce ego vobiscum sum usque
ad consummationem sæculi.*

V

Le Modernisme sociologique (1).

Tout mouvement d'idées puissant et profond
tend à se réaliser dans les faits, à entrer dans la
pratique de la vie individuelle et sociale. Je ne
crois pas qu'il y ait eu, dans l'ordre de la spéculation philosophique, un système dont la fortune
égale celle du kantisme! Cette fortune ne vient pas
seulement de ce qu'il a d'intrinsèque, des principes
faux qui le constituent et font d'incessants appels
aux pires instincts. Il a réussi au-delà de toute
espérance, parce qu'il trouva dans la société du
XVIIIᵉ siècle le milieu qui lui convenait, une
atmosphère morale et intellectuelle, très propre à
le favoriser, et déjà cette atmosphère s'étendait
sur les plus grandes nations européennes. Tandis
que Kant philosophait à Kœnisberg, Rousseau,
dans les emportements et les extravagances de son
puissant esprit, formulait les théories du *Contrat
social* qui ont fait plus de mal à la France que les

(1) *Le Modernisme sociologique. Décadence ou régénération*, in-8
carré, LIX-512 pages, chez Lethielleux.

impiétés et le rire sardonique de Voltaire et de tous les encyclopédistes réunis.

Kant s'occupa beaucoup moins que Rousseau de théories sociales, ce qui ne l'empêcha point de rêver, si nous en croyons l'*Encyclopédie des sciences religieuses* de Lichtenberger (tome VII, p. 590), une république universelle ou confédération d'E-tats d'où toute guerre eût été bannie. Il fut ce que nous .appellerions aujourd'hui un démocrate antimilitariste. Toute sa politique était tirée du principe autonomiste que nous étudierons tout à l'heure. Ses disciples l'ont très légèrement modifié et adapté, ils le croient du moins, aux besoins et aux aspirations de l'époque présente. En réalité, ils ont fait des idées de Rousseau et des idées kantiennes une sorte d'amalgame qui devait nécessairement aboutir à l'établissement d'une démocratie universelle et socialiste.

Le kantien porte dans sa volonté raisonnable ou sa raison pratique la loi de sa vie ; il est parfaitement et absolument autonome, à tel point qu'il ne saurait subir, sans une abdication de tout lui-même, aucune autorité s'imposant du dehors. Pour comprendre combien serait horrible un pareil attentat contre sa personnalité, il est nécessaire de se rappeler qu'il est *une fin en soi* et ne doit jamais être réduit au rôle de moyen ; ce serait la dernière des dégradations (1).

---

(1) C'est dans sa *Métaphysique des Mœurs*, publiée en 1797, que

Vous comprenez qu'un tel homme revendiquera toujours, en face de ses semblables, tout au moins la plus stricte et la plus rigoureuse égalité. Dans la république kantienne, pas d'autorité ; partout, toujours, à tous les degrés, s'il pouvait y avoir des degrés en un pareil monde, l'autonomie absolue ; chacun doit demeurer son maître, c'est le principe fondamental de la *Critique de la raison pratique*.

Les disciples, interprétant la pensée du maître, fort exactement du reste, prétendent bien que cette autonomie égalitaire se manifestera dans les actes de tous et de chacun. Les actes ne sont-ils pas partout et toujours l'expression de la volonté bonne et de la loi qui la dirige, en d'autres termes de son autonomie ? Le *pragmatisme* et toutes les théories explicatives de l'*action* ne feront que justifier le *volontarisme*. Et il faudra que les faits sociaux se gardent de contredire le kantisme en ces deux bases fondamentales.

Que vient-on nous parler, dans le monde industriel, du travail de *direction* et du travail *ouvrier*, des responsabilités terribles qui pèsent sur le premier et de la tranquillité relative du second ? Vous ne convaincrez pas même les intellectuels qui vous entendront ; eux surtout revendiqueront l'égalité dans le partage des bénéfices entre les patrons et les ouvriers, comme s'il y avait stricte égalité

Kant a donné les derniers développements à son *système de la Raison pratique*, formulé dès 1788.

entre les tâches accomplies et les responsabilités
qu'elles entraînent. Dans la démocratie kantienne,
le travailleur, quel qu'il soit, a une « âme patro-
nale », une valeur de « fin en soi » et répugne
absolument à toute subordination qui en ferait un
« moyen ». Le système de l'autonomie ne le permet pas.

Pour moi je n'aperçois qu'un moyen de respecter et d'observer les principes kantiens dans le
monde industriel, c'est de créer partout des coopératives de production exclusivement ouvrières
d'où le capitalisme et l'autocratisme patronal seront absolument bannis.

Tous y seront parfaitement égaux.

Je ne l'ignore pas, cette création n'est point
facile; la somme de travail fournie par chacun est
loin d'être la même, et si nous nous plaçons, non
plus au point de vue de la quantité, mais de la
qualité, la différence sera probablement plus considérable encore. N'importe! les faits doivent obéir
aux lois; la loi suprême ici est l'égalité, égalité
d'autonomie et de valeur personnelle, égalité d'action par conséquent. Pragmatisme et volontarisme
doivent s'accorder et s'entendre.

La société politique sera construite sur le même
idéal : autonomie et complète indépendance de
chacun; le peuple se gouvernera lui-même.

Venons-en à la pratique : le peuple est composé,
je suppose, de 40 millions de citoyens autonomes,

épars sur un territoire étendu comme celui de la
France. Plus d'un tiers ne compte que des enfants et
des adolescents incapables d'avoir une pensée personnelle. Impossible que tout ce monde délibère
et gouverne à la fois. Le moyen de triompher de
ces difficultés est bien simple, me direz-vous, tous
et chacun choisiront des représentants, organes
de leurs volontés autonomes. Les citoyens n'alié-
neront point pour cela leur autonomie; tout au
contraire, ils demeureront leurs propres maîtres et
leurs délégués devront simplement faire respecter
cette maîtrise suprême et inaliénable.

Mais j'ai grand'peur que la difficulté constatée
tout à l'heure ne reparaisse sous une autre forme.
Pour gouverner, il faudra une certaine entente
entre les représentants; or, sur quel terrain s'éta-
blira cette entente? Je ne le vois pas. S'il y avait
au-dessus de ces masses une loi plus haute qui les
dominât toutes, une loi morale comme l'on disait
autrefois; cette loi, en s'imposant à tous, établirait
une certaine unité. Mais cette loi morale est précisément ce que le kantisme exclut; elle détruirait
l'autonomie individualiste.

De plus, cette loi morale devrait sortir d'une
doctrine, d'un dogme quelconque, à tout le moins
d'une notion intellectuelle, représentation d'une
volonté étrangère, supérieure, dominatrice, d'un
Dieu quelconque enfin. Mais la raison théorique
n'a jamais pu découvrir ce dieu; elle ne saisit rien

du monde extérieur, du moins de façon sûre. Et c'est cette absence de dogme et, par suite, de loi morale supérieure, qui garantit l'autonomie de la volonté et la liberté absolue de ses agissements.

Il faut donc chercher dans une direction autre un principe d'union entre les autonomies privées, afin de constituer avec elles une société et un gouvernement.

Le seul qui se présente est le principe des majorités; lorsque les délégués des citoyens autonomes auront discuté un certain temps, il faudra conclure; n'est-il pas naturel autant que nécessaire que la majorité tranche le débat engagé? Oui, sans doute; mais alors que devient l'autonomie des membres de la minorité? Je ne l'ignore pas, on essaie à l'heure actuelle de redresser ces incorrections au principe démocratique par ce que l'on appelle la représentation proportionnelle; désormais les minorités seraient comptées pour quelque chose dans toutes les déterminations législatives. Il n'empêche que beaucoup de mesures gouvernementales seront encore imposées à des citoyens qui les repoussent. Le principe démocratique n'est qu'à demi respecté et celui de l'autonomie kantienne individuelle ne l'est pas du tout. Pour qu'il le fût réellement, il faudrait que les représentants ou délégués demeurassent perpétuellement sous la main de leurs électeurs. Leur mandat devrait être limité et impératif; lorsqu'ils ne parviendraient pas à l'imposer par la persuasion aux assemblées politiques dont ils font partie, les citoyens autonomes et électeurs devraient avoir le droit de se séparer, sur les points en question, de la nation elle-même et de gérer leurs intérêts comme bon leur semblerait. Les deux départements de l'Aube et de la Marne, par exemple, dans la question viticole qui les a récemment divisés, auraient dû pouvoir se faire chacun leur législation spéciale. C'est l'anarchie, alors, objectera-t-on ? Evidemment; mais l'anarchie est nécessairement à la base du gouvernement du peuple par le peuple; j'oserais dire qu'elle est le principe même de ce gouvernement et de toute organisation démocratique, quelle qu'en soit la forme.

Reste cependant, au dire de beaucoup, un remède qui n'a point encore été essayé; il procède très logiquement du *Contrat social* de Jean-Jacques Rousseau et de la *Métaphysique des mœurs* de Kant. Et voici comment la démonstration de sa nécessité pourrait être faite.

Une organisation vraiment démocratique implique l'égalité économique et l'égalité politique; les deux se compénètrent, se soutiennent et ne sauraient être séparées. Répétons-le : la personne autonome portant en elle-même sa propre loi doit être indépendante de toute domination extérieure; de là l'égalité politique qui la met sur le même rang que toutes les autres autonomies pareilles à elle-même, sans la subordonner à aucune.

De plus nous avons dit que cette autonomie se
traduisait dans tous ses actes, égaux en dignité et
en valeur aux actes de qui que ce soit, vivant à côté
d'elle. Ainsi la personne autonome est à elle-même
et nécessairement sa propre fin; elle ne peut ni ne
doit servir de moyen à aucune autre. De là l'égalité
économique stricte et rigoureuse; plus de patrons
ni de prolétaires, simples agents d'exécution. Tous
seront sur un pied d'égalité dans les tâches à accomplir et les rétributions à percevoir.

Mais, remarquons-le bien, il faut être logique et
aller jusqu'au bout du système, si ses principes
sont reconnus vrais. Or la conclusion qui s'impose
c'est que le système démocratique, sincèrement entendu et loyalement pratiqué, exige l'établissement
du socialisme. Impossible de s'arrêter en c! emin;
la raison pratique ne vous le permettra pas et les
passions et les convoitises qui sont à son service
vous le permettraient beaucoup moins encore. Les
moyens de production en effet, et l'on entend par
là tous les capitaux, sol, sous-sol et ce qui y est
contenu, minéraux cachés dans les entrailles de
la terre et moissons qui la recouvrent, richesses
acquises, de tout nom et de toutes sortes, devront
être la propriété de la collectivité tout entière.
Plus de propriétés privées, causes de toutes ou
presque toutes les inégalités sociales, aujourd'hui
existantes.

Il est vrai, l'administration de ces biens collectifs devrait être nécessairement confiée aux délégués, aux représentants des autonomies individuelles, choisis par le suffrage de tous; aucun autre mode de gouvernement ne saurait être imaginé; mais les tares inhérentes au régime seraient supprimées par l'avènement du socialisme. Les injustices commises par les uns au détriment des autres deviendraient impossibles. Les administrateurs n'auraient nullement à déterminer ces partages des bénéfices, toujours si délicats et si difficiles. Tout serait réglé à l'avance par la constitution même du socialisme. La part de chacun serait proportionnée à ses besoins, comme la tâche qu'il aurait à remplir au degré exact de ses forces. Les biens consomptibles, propriété de tous, seraient ainsi répartis tout naturellement et chacun irait au travail qui conviendrait à ses goûts et à ses aptitudes. La société serait une grande famille où tous les frères auraient exactement le même sort, et, à mesure que ce régime s'étendrait, la terre redeviendrait un vrai paradis. L'humanité transfigurée se gouvernerait dans une autonomie absolue que rien n'entraverait, pas même le souvenir des divinités anciennes, supplantées par la raison pratique, marchant à de nouvelles conquêtes. Ce serait le triomphe définitif du kantisme qui se trouve être la systématisation philosophique du *Contrat social.*

Lorsqu'une idée pareille s'est emparée de l'esprit

d'un siècle, elle s'insinue comme un « virus » dans les organismes sociaux et elle y opère à la façon du « virus »; elle en dissocie tous les éléments.

Où ce « virus » en est-il, dans notre société française? Nous avons consacré deux volumes de 5oo pages chacun à le dire.

***

Dissolution sociale et déchristianisation.

Napoléon III nous a doté du suffrage faussement appelé universel, dans le but de donner une base plus large à son empire; mais les hommes politiques travaillent presque toujours pour des fins qu'ils n'aperçoivent pas.

Ce suffrage tel qu'il est pratiqué parmi nous, au lieu d'incarner les vraies forces sociales, ne représente que les individus isolés, abstraits en quelque sorte de tout ce qui constitue la trame de leur vie, arrachés à leurs femmes et à leurs fils qui ne comptent pour rien dans leurs suffrages, le célibataire ayant sous ce rapport les mêmes droits que le père de sept ou huit enfants. Les candidats qui le sollicitent sont pour l'ordinaire, depuis quelque temps surtout, les fruits secs de ce que l'on appelle les classes libérales : des hommes qui n'ont réussi à rien, mais qui se sentent capables de tout. Les plus mensongères et les plus irréalisables promesses ne leur coûtent rien; c'est ce que l'on appelle, d'une expression courante, les surenchères électorales. Leur but est de surexciter les passions, d'exploiter les discordes intestines, de soulever par exemple les ouvriers contre les patrons, les prolétaires contre quiconque possède quelque chose. Bref, ces prétendus représentants de la nation incarnent en eux tout ce qu'elle a de pire, les plus basses convoitises et les plus ignobles instincts.

Une fois élus, ils se partagent entre les coteries politiques, déjà existantes. Les plus audacieux et les plus actifs, les moins scrupuleux sur les moyens, espèrent, un jour ou l'autre, arriver au pouvoir, entrer dans les ministères qui se succèdent ou plutôt se supplantent. Ce ne sont point leurs connaissances spéciales ni leurs qualités professionnelles qui les rendent « ministrables », le plus souvent du moins. M. Pelletan n'était point un marin expert, avant d'arriver au ministère de la marine. Le moyen le plus sûr d'escalader le pouvoir, c'est d'avoir fait partie d'une équipe de journalistes diffamateurs, habitués à parler de tout sans rien savoir, initiés par une pratique peu scrupuleuse à tout ce qui se dit, s'écrit et se colporte dans le monde politique et le demi-monde; aux « dessous » de l'existence des politiciens en vue, surtout s'ils sont ennemis de la coterie à laquelle on appartient.

Les députés, qui doivent se contenter d'ambitions moins hautes et, quoique blocards, né seront jamais « ministrables », s'occupent de conserver en bonne posture leur équique électorale; ce n'est pas toujours facile. Les maîtres-chanteurs qui la dirigent et assurent la réélection sont habituellement des personnages peu délicats, très gourmands de leur nature; aussi tiennent-ils avant tout à être grassement payés de leurs services. Il y a ainsi action et réaction continues des électeurs sur l'élu et de l'élu sur les électeu... Le candidat a tout d'abord corrompu ces derniers par ses fallacieuses promesses; à leur tour ils le pousseront aux actes les plus malhonnêtes dès lors qu'ils les estimeront propres à servir leurs intérêts.

Ce sont des gangrènes qui s'engendrent et s'entretiennent réciproquement, et font de ce régime politique tout ce qu'il y a de plus méprisable, au jugement de ceux-là mêmes qui en recueillent les bénéfices. Nous pourrions reproduire ici, sur ce point, des appréciations et des aveux qui étonneraient.

Aussi, ces hommes, qui sont au pouvoir depuis trente ans, ont-ils organisé la corruption sous toutes ses formes; et tout d'abord sous la forme intellectuelle. Ils y ont été aidés par certaines individualités peu françaises, exotiques, qui se sont emparées des hautes sphères de notre université; cette invasion a revêtu surtout un caractère philosophique et scientifique.

La philosophie de Cousin et même celle de Jules

Simon était assez superficielle ; mais du moins elle respectait encore certains dogmes fondamentaux : l'existence de Dieu et la spiritualité de l'âme. La philosophie actuelle, s'inspirant des doctrines allemandes, et particulièrement du kantisme, a rejeté ces vérités rationnelles, ces dogmes de la nature, comme nous disons. Afin de ne pas trop effrayer, elle s'est efforcée de garder le moralisme kantien comme le faisait Barni par exemple. (Voir pp. 23 et suiv. de notre *Modernisme sociologique*). Puis ce moralisme est devenu l'amoralisme ; l'impératif *hypothétique* a succédé à l'impératif *catégorique*, comme disait Guyau. Et enfin les morales laïques se sont épanouies dans toute leur splendeur : morale de l'intérêt, morale de l'utile, morale du plaisir, morale de la force avec Nietzsche. Pour les justifier toutes ensemble, on a préconisé un *déterminisme* affectant des formes diverses ; déterminisme *mécanique*, déterminisme *physiologique*, déterminisme *intellectuel* (pp. 35-40).

Le crime des politiciens de notre temps est d'avoir « démocratisé » ces doctrines, auparavant confinées dans certains recoins prétendus scientifiques. Tous les moyens ont été employés pour leur vulgarisation ; la presse, les brochures, les livres, les journaux, le théâtre, l'enseignement à tous ses degrés et surtout l'enseignement primaire. Aujourd'hui 150.000 instituteurs et des institutrices un peu moins nombreuses peut-être ont été

formés pour cette besogne, à laquelle ils s'em-
ploient chaque jour; ils sont payés pour cela principalement. Jamais, au cours des siècles, peuple n'a
été soumis à une pression aussi puissante et aussi
dépravatrice que celle-là.

Après la philosophie, ou plutôt avec la philosophie la science, et tout d'abord les sciences naturelles. Au premier regard, on ne découvre pas le
rôle qu'elles peuvent jouer dans cet immense travail de corruption. Et en effet, elles s'occupent de
phénomènes qu'elles constatent; de lois physiques
qu'elles recherchent en toute liberté ; de manipula-
tions chimiques, qu'elles poursuivent avec le plus
grand succès; et enfin des applications pratiques de
toutes leurs découvertes à l'industrie qu'elles enri-
chissent. Qu'y a-t-il en tout ceci qui ne soit digne
d'être applaudi ? Absolument rien.

Mais ici interviennent les pervers et faux savants,
qui greffent sur ces sciences une métaphysique
abstruse pour remplacer l'ancienne, la vraie. Ces
sciences naturelles, qui faisaient profession de
s'enfermer strictement dans le monde physique et
les observations et expérimentations qu'il comporte
et sollicite, en sortent à tout instant pour envahir
des domaines qui ne leur appartiennent en rien,
car ils sont en dehors et au-dessus d'elles. Eprises
de ces ambitions, ces sciences naturelles dissertent
sur les causes pour les nier ; sur leur coordination
pour tout brouiller et tout confondre, ou, si vous

aimez mieux, pour tout arranger à leur fantaisie
et selon leurs caprices. Le monisme matérialiste
d'Hæckel, la théorie de l'évolution remaniée selon
les exigences actuelles et autres inventions extra —
ou plutôt anti-scientifiques, sont sorties des labora-
toires, avec le prestige des sciences qui leur étaient
absolument étrangères. Ils ont fait bloc avec l'amoralisme philosophique, pour ruiner la foi, les
mœurs, les vertus et qualités naturelles et surnaturelles du peuple français.

Ce qui a centuplé l'influence de ce naturalisme
scientifique, c'est le bien-être matériel créé par
les sciences appliquées à l'industrie. Il était tout
juste et très légitime que les foules ouvrières qui
avaient contribué à le créer en eussent leur part.
Le machinisme, l'une des sources de cette richesse,
avait entassé les travailleurs industriels dans les
faubourgs de nos grandes et même de nos petites
villes. Là ils furent beaucoup plus sous la main
des politiciens corrupteurs et de leurs agents et
sous-agents, que dans la dispersion de leur ancienne vie agricole. Ce fut le côté le plus malheu-
reux de notre transformation sociale. A mesure
que les radicaux et radicaux-socialistes arrivè-
rent au pouvoir, à plus forte raison les socialistes
d'Etat, sans parler des unifiés ou indépendants,
dont l'action sur les ministères se fait souvent
sentir, tous s'appliquèrent à corrompre les masses ouvrières, afin de les domestiquer plus aisé-

ment. La plaie de l'alcoolisme s'étendit et s'aggrava par la multiplication des cabarets et débits de boissons, systématiquement favorisée. Il en fut ainsi des repaires de la prostitution et de la débauche

La famille, attaquée de tous côtés, vit ses liens se relâcher grâce au divorce qui, favorisé par la jurisprudence, entrait dans les mœurs bourgeoises et ouvrières. L'abaissement de la natalité est dû en partie à cet ébranlement du foyer conjugal et à toutes les incertitudes qu'il engendre. La passion effrénée de la jouissance, la recherche des plaisirs faciles, y a contribué davantage encore ; les enfants sont des gêneurs qui prennent une partie du bien-être que l'on veut se réserver pour soi tout seul.

Du reste, ces enfants n'appartiendront bientôt plus à leurs pères et à leurs mères ; l'Etat les leur dispute dès la petite adolescence. A plus forte raison tiendra-t-il à être maître de leur jeunesse qui s'écoulera dans ses écoles très laïques et très obligatoires, quoique fort peu gratuites, du moins pour les contribuables. Les œuvres post-scolaires achèveront la perversion intellectuelle, quasi nécessairement accompagnée de la perversion morale ; toutes deux commencées dans les petites classes, continuées dans les lycées et autres établissements de l'Etat. Et si l'œuvre de perversion n'était point complète, la caserne la verrait se consommer, car on y fait tout autre chose que des exercices militaires. L'éducation civique y marche de front avec les sus-dits exercices, en des conférences variées où le vice est enseigné sous des formes discrètes et indirectes, sous prétexte par exemple, de conseils hygiéniques à donner et à pratiquer en certains cas. Les maisons que l'on redoute de voir fréquenter par le soldat ne sont pas, comme on pourrait le croire, les maisons de débauche, mais bien plutôt les cercles catholiques où il rencontrerait un prêtre qui lui parlerait de Dieu et de ses devoirs religieux. Cela ne se peut pas et est strictement défendu.

Voilà trente ans et plus que nous subissons ce régime de perversion systématique et de déchristianisation. Des lois multiples, que nous ne saurions même énumérer ici, ont été édictées contre l'Eglise ; on en trouvera l'appréciation dans notre volume, *le Modernisme sociologique*, sous ce titre : les Antécédents de la loi de séparation (pp. 96-109).

**

Il n'est besoin que de jeter un coup d'œil sur cette dernière loi pour s'apercevoir que le but cherché et voulu est la destruction radicale, absolue, de l'Eglise en France et, avec l'Eglise, du catholicisme ou plutôt de tout christianisme. Ce que nous avons dit le montre déjà avec la clarté de l'évidence ; le moralisme philosophique et le naturalisme scientifique, exploités par notre funeste

démocratie, nient Dieu et l'âme, et à plus forte
raison, tout l'ordre surnaturel. Mais nos jacobins
ne pouvaient décemment avouer que leur dessein
était d'imposer ces négations à la nation tout entière. Ils feignirent de ne s'occuper que des institutions ecclésiastiques, sans toucher à l'essence de
la religion. D'un trait de plume, « les établissements publics du culte sont supprimés ». Et comme
ceux-là seuls subsistaient encore, attendu que les
ordres religieux avaient déjà été détruits, il ne
resta plus rien, plus aucun établissement ni privé
ni public de culte catholique.

On va mettre à la place « les cultuelles ». Elles
sont bien mal nommées, ces « cultuelles »; car on
n'y découvre pas la moindre trace de tout ce qui
est élément constitutif du culte, ni prêtres, ni évêques, ni pape, ni fidèles en tant que fidèles, rien
en un mot.

Ou plutôt voici des sociétés de 7, 15 ou 25 personnes, selon le chiffre de la population; ces comités cultuellistes devront réunir chaque année l'as-
semblée générale de leurs adhérents et soumettre
à son contrôle leur gestion. Le tout relèvera du
Conseil d'Etat qui prononcera souverainement sur
tous les conflits qui viendront à surgir entre leurs
membres.

Est-ce que cette institution a quelque ressem-
blance, même la plus lointaine, avec l'Eglise fondée
par Jésus-Christ? Pas du tout, et pour cause : il

s'agit précisément de remplacer cette église de Jésus-Christ, désormais « supprimée ».

Toutefois, pour tromper le peuple et aussi le clergé, on l'espérait du moins, on concéda à ces comités cultuellistes la faculté « de constituer des unions ayant une direction générale ». Ces unions étaient un simulacre des anciens diocèses. Remarquons que les comités paroissiaux pouvaient très bien repousser ces « unions », en sortir après y être entrés, se moquer aussi de la « direction générale ou centrale » !

De même que les comités paroissiaux auraient pu prendre à gage un curé pour faire les cérémonies du culte, de même aussi les « unions diocésaines » auraient été amenées à louer les services d'un évêque. Mais rien de cela n'est déterminé par la loi, ni par conséquent obligatoire ; c'est chose religieuse, abandonnée aux libres volontés des sociétaires.

Et voilà la constitution « pire que civile » des cultuelles jacobines, une église comme les hérétiques des siècles antérieurs n'en avaient point encore inventé.

Le pape n'en a pas voulu ; on le prévoyait bien. Aussi avait-on pris des mesures en conséquence et elles se résument d'un mot : *on a tout volé*, presbytères, évêchés, grands et petits séminaires ; tout ce qui appartenait aux menses épiscopales et aux fabriques. Curés, séminaristes, évêques ont été jetés sur la rue, dépouillés de tout ce qui leur appartenait ; ornements ecclésiastiques, bibliothèques, meubles, argent, etc., etc.

Pour associer les départements et les communes à ce vaste brigandage, on leur a attribué une partie des immeubles, les églises, par exemple, avec une obligation mal définie de les laisser à la disposition des fidèles, pas du curé, remarquons bien. S'il y paraît, le curé ne sera qu'un occupant sans titre ; défense lui sera faite de réparer ou d'entretenir ces édifices que des maires blocards et agents des loges maçonniques laisseront se détériorer, pour avoir la faculté de les abattre malgré les protestations des populations et parfois des conseils municipaux eux-mêmes. On a dépouillé jusqu'aux morts, en faveur desquels des fondations de messes et de prières liturgiques avaient été faites.

Les démocrates qui régissent notre république, ont pris l'argent, mais ont repoussé les charges dont ces donations étaient grevées.

Telle est la loi du 9 décembre 1905. Entre les mesures législatives qui l'avaient préparée, aucune ne nous paraît aussi grave que celles qui furent prises contre les congrégations religieuses. La loi du 1er juillet 1901 supprimait de fait toutes les congrégations non autorisées qui s'adonnaient à l'enseignement. Il est vrai que son article 14 les invitait à solliciter les autorisations nécessaires dans un délai de trois mois ; mais c'était un piège qu'on leur tendait, afin de les détruire plus sûrement ;

comme les cultuelles, si elles eussent été accep-
tées par le clergé séculier, auraient amené une
destruction plus lente, mais beaucoup plus assurée,
de l'Eglise de France tout entière.

La liquidation, c'est-à-dire le vol des biens des
congrégations non autorisées, ne s'est opérée que
lentement et très difficilement, à cause des conditions juridiques de la possession de leurs immeubles. La liquidation des congrégations autorisées
a été très rapide au contraire ; par la loi du 7
juillet 1904, l'enseignement leur était interdit.
Toutes devaient disparaître dans un délai de dix
ans. Le 4 septembre 1904, dans un discours pro-
noncé à Auxerre, M. Combes, président du Conseil,
se vantait d'avoir fermé 13.904 écoles sur un to-
tal de 16.304 et d'être prêt à en fermer 500 sur les
3.000 qui restaient. Quant à la liquidation des biens
des congréganistes, nous ne l'avons suivie dans
notre *Modernisme sociologique* que jusqu'à la fin
de 1907. On se rappelle que Waldeck Rousseau
avait promis d'en tirer un milliard qui devait être
versé dans la caisse des retraites ouvrières. Hélas !
les ouvriers n'en verront pas un centime; les liquidateurs, aidés des hommes de loi et des avocats,
auront bientôt tout dévoré. En 1907, le gouvernement avait poursuivi la spoliation de 677 congrégations religieuses ; au mois de novembre de cette
même année, 115 congrégations seulement avaient
été complètement liquidées ; leur actif se montait

à 190.000 fr. Dans la liste complète qu'on en donna, 36 avaient zéro à leur actif et, pour l'ensemble, le passif l'emportait de 357.836 fr. 48 sur l'actif brut.

En regard plaçons les frais de cette liquidation ; d'après le rapport officiel, fin de 1906, les liquidateurs étaient redevables au trésor de l'Etat de quatre millions sept cent quinze mille neuf cent trente francs, et les avocats plaidants, les Millerand, Thévenet, Rouvier et autres comparses, presque tous politiciens, avaient reçu comme honoraires 1.000.671 fr. 35 cent., sans parler des honoraires dus.

Pour exprimer tout d'un mot, cette liquidation fut un *immense brigandage*, l'une de ces dévastations systématiques, comme les peuples barbares en faisaient subir aux vaincus. Et pendant ce temps, les vieillards et les infirmes qui avaient appartenu à ces corps religieux, et à qui on avait promis des pensions, mouraient de faim et de misère.

Un pays où de semblables attentats ont été commis contre la propriété la plus sacrée, la propriété religieuse, sans qu'un cri unanime de protestation se soit élevé, ce pays est mûr pour l'établissement définitif du socialisme. Aux sociétés commerciales, industrielles et autres, fondées non dans des buts désintéressés, mais pour faire fructifier des capitaux, les socialistes pourront dire : Nous demandons qu'on vous applique les lois que vos patrons

et protecteurs ont laissé édicter contre les associations religieuses. Nous allons décréter à notre tour
votre dissolution ; quant à vos capitaux, ils feront
retour à l'Etat, comme les immeubles des congrégations religieuses. Et l'Etat, c'est nous, nous qui
serons chargés de l'administration de vos capitaux
eux-mêmes pour le plus grand bien de tous.

Ces menaces ont été formulées plus énergiques
et plus violentes; l'heure où elles seront mises à
exécution ne tardera pas à sonner.

VI

Le Modernisme social.

Ce volume est la suite logique du précédent; il
serre de plus près les faits sociaux et économiques,
tout en les considérant dans leur rapport avec les
doctrines, vraies et fausses, avec l'Etat et avec
l'Eglise.

Le fait social qui, malheureusement, tend à domi-
ner tous les autres est le socialisme. Aussi rem-
plit-il trois longs chapitres placés au centre même
des différentes parties de notre ouvrage. Le premier de ces chapitres centraux nous montre le socialisme en formation dans le syndicalisme ouvrier,
tel qu'il est sorti de la loi de 1884. Le second analyse dans le détail ce que nous avons appelé le socialisme scientifique de M. Gide, car cet auteur fait
une critique très aiguë et réellement destructive de
toutes nos bases sociales; son coopératisme n'est
qu'un voile pour couvrir ces destructions. Le troisième enfin nous montre le socialisme dans tous

(1) *Le Modernisme social. Décadence ou régénération*, in-8 carré
(xii-488 pages).

ses éléments constitutifs et déjà maître, ou quasi maître, des grandes nations industrielles. Pour avoir un concept général de toutes les formes qu'a revêtues parmi nous le socialisme, il faudrait joindre aux trois chapitres centraux que nous venons d'indiquer un long paragraphe du dernier chapitre, *le Socialisme chrétien.*

Nous avons dit que cette triple étude du socialisme est comme le cœur de notre ouvrage ; tout le reste, et il s'y rencontre cependant des idées d'une suprême importance, s'y rapporte.

Dans la première partie, nous voyons se constituer, grâce à la loi de 1884, le syndicalisme ouvrier qui, bien que l'on en ait dit, ne ressemble en rien au régime corporatif et en est même la négation. Les corporations anciennes étaient composées des maîtres ou patrons, des compagnons ou ouvriers et des apprentis, dont les intérêts étaient conjoints ; si ce n'est à certaines heures de crise, on ne songeait même pas à les considérer séparément. Le syndicalisme ouvrier, tel qu'il s'est promptement organisé après 1884, est une formation de combat contre les patrons. Il ne s'agit pas seulement de sauvegarder les intérêts légitimes des travailleurs dans les contrats à conclure avec les chefs d'usines et d'ateliers, mais de supplanter le capitalisme, comme l'on dit, et de se rendre maître de l'atelier ou de la profession. Des syndicats isolés ou groupés par circonscriptions restreintes auraient suffi pour assu-

rer la protection des intérêts ouvriers dans chaque
industrie. Pour la destruction du patronat, il fallait des fédérations s'étendant d'un bout de la
France à l'autre, servies et fortifiées par les bour-
ses du travail ; gouvernées par des comités centraux, ou, ce qui est l'illégalité même, par un unique
comité central, la Confédération générale du travail.

Ce n'est pas assez, au jugement de beaucoup ; il
faut armer de plus en plus ces fédérations ouvrières de moyens légaux et de pouvoirs quasi-judi-
ciaires, pour qu'elles écrasent plus aisément tout ce
qui leur résiste. Et il se trouve que les résistances,
les plus fréquemment répétées et les plus fortes,
ne viennent pas des patrons ni, comme on l'aurait
pu croire, de cette bourgeoisie inerte, intéressée
cependant dans la question, car ce qui est en cause
au fond de ces débats, c'est la propriété elle-même,
tout droit de propriété privée. Cette bourgeoisie
est en partie « socialisante » ; je dis en partie, car
les intellectuels, avocats, jurisconsultes, professeurs,
écrivains et surtout journalistes qui, avec une partie du clergé, préconisent le syndicalisme ouvrier
qu'ils s'efforcent de confondre avec l'organisation
corporative d'autrefois, tous ces hommes ne sont
nullement des prolétaires, comme l'on dit aujour-
d'hui ; ils se rattachent aux classes libérales, à la
bourgeoisie, par conséquent. Les vraies résistances
au mouvement syndicaliste actuel viennent des
ouvriers non syndiqués ou même syndiqués, mais

hostiles à la façon dont ce mouvement est compris et pratiqué, et à l'oppression que l'on fait peser sur eux.

Tout au contraire, les intellectuels et les bourgeois, dont nous parlions tout à l'heure, veulent armer les fédérations et leurs comités centraux du droit de poursuivre quiconque s'insurgera contre leurs décisions, en d'autres termes contre les grèves imposées par eux, les mises à l'index, sabotages et autres moyens de pression dont ils abusent. Les syndicalistes et leurs auxiliaires revendiquent deux nouveaux organismes qui assureraient tout à fait leur prépondérance, le contrat collectif *obligatoire* et l'arbitrage *obligatoire*.

Et ce que nous blâmons ici sans la moindre réserve ou atténuation, ce qui nous paraît monstrueux, ce n'est ni le contrat collectif ni l'arbitrage pris en eux-mêmes et sagement entendus ; mais c'est l'obligation qu'on y veut attacher et qui nous semble inacceptable surtout chez nous, Français, à raison de l'état des syndicats ouvriers.

Tout cela est longuement expliqué dans la première partie de notre *Modernisme social* et jugé à la lumière de doctrines contradictoires. Ces doctrines opposées sont d'un côté une sorte de pseudo-catholicisme démocratique et égalitaire, très suffisamment décrit dans notre premier chapitre auquel nous n'avons rien à changer, et, d'autre part, le droit naturel divin, tel que l'Eglise l'a toujours compris et que nous retrouverons bientôt dans les diverses interprétations et applications que l'Église en a faites.

***

Le Socialisme coopératiste de M. Gide.

Le socialisme scientifique de M. Gide s'attaque, nous l'avons dit, à toutes les bases sociales, à la propriété foncière aussi bien qu'à la propriété industrielle, pour préconiser la création de coopératives ouvrières subsidiées par l'Etat et l'impôt global et progressif sur le revenu, afin de consommer la ruine des propriétés qui échapperaient aux forces destructives précédemment organisées.

M. Gide commence par déclarer la propriété *fonction sociale,* ne se justifiant que par son utilité publique. Il attaque ensuite la *rente foncière,* qui n'est à personne, dès lors qu'elle n'est que le *produit du sol primitif et de ses énergies natives,* mais doit appartenir à tous. Des modes d'exploitation agraire, M. Gide préfère le métayage, qui associe propriétaires et fermiers, ce qui de fait est excellent. Le fermage, au contraire, ne se justifie pas à ses yeux, car M. Gide veut obliger le propriétaire à cultiver lui-même de ses propres mains la partie du sol qui lui appartient ; ou plutôt c'est lui, propriétaire, qui sera lié au sol et lui appartiendra si bien qu'il ne sera plus libre de choisir une autre occupation.

Non content de ces mesures restrictives et oppressives, M. Gide préconise tout un ensemble de moyens pour pousser jusqu'au bout la socialisation ou démocratisation de la terre, parmi lesquels le système Torrens. Nous ne pouvons entrer ici dans les détails.

Après la propriété foncière vient la propriété industrielle, la plus oppressive et la plus odieuse de toutes. M. Gide ne nie pas absolument la légitimité du prêt à intérêt, mais s'efforce de le rendre odieux. Il s'attaque surtout au patron, à l'entrepreneur qu'il voudrait faire passer pour un rouage inutile auquel on substituerait les coopératives ouvrières de production, unies à celles de consommation. Toutes seraient de fait subsidiées, en termes plus vrais, organisées par l'Etat qui en demeurerait le vrai maître ; ce qui rendrait impossible toute concurrence. L'Etat deviendrait ainsi le *répartiteur* de la richesse publique ; M. Gide ne recule pas plus devant le mot que devant la chose. L'impôt global sur le revenu lui sourit ; il n'y voudrait que quelques corrections qui le rendraient moins inacceptable. M. Gide est l'homme des réalisations les plus radicales, les plus absolues, mais par des moyens doux. N'a-t-il pas rêvé, pour opérer la socialisation du sol, son rachat par l'Etat, mais avec livraison

très tardive, à très longue échéance, ou dans 99 ans ?
Avec ce système l'Etat le paierait très peu cher ;
car « 1000 fr. à toucher dans 100 ans valent aujourd'hui, 7,98 », d'après les calculs de M. Gide.
Le sol français représentant une valeur de 90 mil-
liards, livrables dans 99 ans, ne devrait coûter
aujourd'hui que 638 millions. C'est pour rien.

Tout n'est pas aussi extravagant et aussi fantaisiste que cette socialisation du sol, dans le système
de M. Gide ; je l'estime le plus dangereux et le plus
habile des *sophistes socialisants*, occupés à éga-
rer l'imagination non pas tant des foules que des
« intellectuels » ou pseudo-intellectuels, entichés
des mêmes idées socialistes, mais sans les mêmes
ressources pour les pousser vers leur réalisation.

Non seulement nous avons suivi M. Gide dans
tous les détours qu'il lui a plu de donner à sa pensée, discutant chacun de ses sophismes ; mais tout
son système se trouve comme serré entre nos deux
chapitres sur l'*Etat, ses fonctions*, et sur *la Sociologie catholique*, qui en sont la réfutation complète.

**

L'Etat ; ses fonctions.

Dans le premier de ces chapitres, nous avons étudié l'Etat en lui-même, dans ses fonctions propres

et nécessaires, puis dans ses relations avec la société qu'il a la charge de gouverner ; et il va sans dire que nous avons demandé toutes ces notions au droit naturel et chrétien, à la civilisation créée par le christianisme.

L'Etat ou l'Ensemble des pouvoirs publics a deux fonctions essentielles, la défense extérieure du sol national, et le maintien de la paix à l'intérieur. Pour accomplir la première de ces fonctions, deux grands organismes sont indispensables : une armée forte et disciplinée, une diplomatie vigilante et habile.

La fonction intérieure ou proprement gouvernementale requiert un triple pouvoir : législatif, exécutif et judiciaire ; ces notions sont assez universellement reconnues.

L'organisation de la société elle-même est beaucoup moins comprise. Outre ces organismes gouvernementaux que nous appelons l'Etat ou les pouvoirs publics, un peuple civilisé a besoin d'organismes inférieurs et, en un certain sens, subordonnés, nombreux et divers comme ses propres activités. On les partage d'ordinaire en deux grandes catégories. Les organismes économiques, qui servent les intérêts matériels, comme les syndicats industriels patronaux et ouvriers, les syndicats agricoles et commerciaux, forment une première espèce. Sans eux, la production, la circulation et l'échange de la richesse ne s'opéreront jamais bien.

Au-dessus de ces biens terrestres, de cette richesse matérielle, se placent des biens d'un ordre supérieur, les biens intellectuels, moraux et religieux. Les vérités scientifiques aujourd'hui revêtent tant de formes et se puisent à des sources qui se multiplient de la plus étonnante façon. Mais un peuple a besoin des biens moraux, des qualités morales, plus encore que de science. Il vit, de probité, d'honnêteté et de justice, de patience et de générosité dans les labeurs de chaque jour; de charité et de support mutuel dans les relations sociales, de sobriété dans l'usage même de la richesse matérielle, de chasteté et d'honneur dans la pratique des devoirs familiaux. Il vit, en un mot, de vertus nombreuses et nécessaires; mais, si nombreuses soient-elles, ces vertus se puisent à la même source, qui est Dieu, le respect de ses droits écrits au fond de la conscience humaine.

Pour travailler efficacement à la production, à la circulation incessante et féconde de ces biens moraux et religieux, de ces biens intellectuels, il faut des organismes que nous avons appelés des autonomies supérieures, sociétés scientifiques, enseignantes, moralisatrices et religieuses.

Ce nom d'autonomies avait dans notre pensée une signification toute particulière et très haute. Il convient du reste en une certaine mesure aux organismes économiques eux-mêmes; nous voulons dire que ces organismes inférieurs, régis par le droit naturel, doivent être soustraits aux ingérences abusives de l'Etat, précisément parce que le droit naturel est leur règle propre et intérieure.

C'est donc à tort que certains démocrates nous accusent de libéralisme économique, lorsque nous revendiquons une autonomie relative pour ces associations, syndicats industriels, agricoles, commerciaux et autres. Nous voulons pour eux et même pour les individus qui les composent la liberté du travail, de l'échange commercial, de la concurrence, mais toujours dans la subordination au droit naturel et à leurs propres engagements librement débattus et consignés dans leurs contrats de travail ou dans les statuts syndicaux eux-mêmes. Ce que nous repoussons, ce sont les interventions étatistes, non justifiées par une violation directe du droit naturel ou des engagements pris.

En quoi cette doctrine est-elle entachée de libéralisme même économique ? nous attendons qu'on nous le montre.

D'après notre doctrine à nous, les corps sociaux quels qu'ils soient, mais surtout les organismes économiques, ne rempliront pleinement et parfaitement leurs fonctions qu'à la double condition de se subordonner dans tous leurs agissements, comme dans leur constitution elle-même, au droit naturel et de repousser les interventions de l'Etat socialisant et à demi collectiviste.

Nous proclamons la même obligation pour ces

autonomies supérieures qui s'appellent sociétés savantes ou éducatrices et religieuses, ou moralisatrices et hospitalières. L'Etat exercera sur toutes un contrôle nécessaire pour l'exécution même des statuts qu'elles se seront donnés; mais cette surveillance extérieure ne saurait se confondre avec des ingérences intimes qui troubleraient leur fonctionnement et les empêcheraient d'atteindre leur but. En terminant cet important chapitre, nous montrons que cette autonomie subordonnée des sociétés savantes ou éducatrices ou religieuses, pas plus que celle des organismes économiques ou syndicaux, ne gêne en rien les pouvoirs intégrants et souverains de l'Etat.

*

La Sociologie catholique et le Sillon.

Ce que nous disons sur la sociologie catholique dans le chapitre III achève la réfutation du système coopératiste ou plutôt socialiste de M. Gide. Nous y examinons la situation vraie, régulière, des personnes et des choses en distinguant tout d'abord trois sortes de propriétés : la propriété privée et familiale, la propriété corporative et la propriété étatique ou nationale. Chacune a ses règles propres; la première est régie par le seul droit naturel, du moins quant à ses prérogatives essentielles; la pro-

priété corporative, moins indispensable, est régie
par les statuts de la corporation ou syndicat ; la
propriété que nous appelons étatique se détermine
et se gouverne d'après le but et les fonctions de
l'Etat lui-même.

Tout ce qui concerne les personnes peut s'exprimer en trois mots, leurs diversités de situation qui
impliquent la subordination des unes aux autres
pour aboutir à une union nécessaire. Les encycliques de Léon XIII expriment cette triple loi si
désagréable à notre passion égalitaire sans ménage-
ment aucun : le pape parle de la diversité des classes, mais ce mot classe, sous la plume de Léon XIII,
n'est pas synonyme de castes et quand il mentionne
la subordination des ouvriers aux patrons, il a bien
soin de poser des règles qui sauvegardent les droits
des uns et des autres. Toutefois, la lettre de Pie X
sur le Sillon, qui n'est que l'application des principes du droit naturel si énergiquement rappelés
par son prédécesseur, porte dans ces questions une
précision de détails qui ne se rencontre nulle part
ailleurs.

Les théories politico-sociales de M. Sangnier
étaient la violation radicale de la sociologie catholique en ce qu'elle a de plus net et de plus arrêté.
Elles anéantissaient cette diversité et cette subordination des classes, enseignées par Léon XIII, en
préconisant cette émancipation économique con-
damnée par Pie X, qui impliquait la destruction

du patronat et l'égalité absolue entre les agents d'exécution et les dirigeants du travail industriel.

L'émancipation politique se greffait, si je puis dire, sur l'émancipation économique, mais allait beaucoup plus loin. Plus d'autorité sociale qui ne procédât des foules et, en réalité, ne leur fût subordonnée dans son exercice. C'est ce que M. Sangnier appelait l'autorité consentie, et ce consentement ne se bornait pas à une délégation première qui eût laissé aux gouvernants une action personnelle, efficace et indépendante. L'autonomie des subordonnés eût été atteinte ; à eux de gouverner de conćert avec des chefs qui ne sont que leurs délégués et leurs représentants. N'ont-ils pas eux aussi des âmes de rois, comme les ouvriers ont des âmes patronales ?

Beaucoup de démocrates chrétiens, catholiques même, semblent penser aujourd'hui encore comme M. Sangnier. La lettre de Pie X est pour eux inexistante. Leur langage diffère de celui du Sillon ; mais c'est une différence de pure forme, les doctrines sont identiques ou à peu près.

L'émancipation intellectuelle qui couronne et achève les deux autres conduisait peu à peu les Sillonistes à ce que Pie X ne craint pas d'appeler « une religion plus universelle que l'Eglise catholique, réunissant tous les hommes devenus enfin frères et camarades dans le règne de Dieu ». Et de fait ne s'associait-on pas dans la poursuite d'un vague idéalisme, à de parfaits incrédules, aux protestants libéraux qui ne gardent plus aucune foi? Et ce qui devait sortir de cette union au point de vue politique et sociologique, c'était le socialisme complet, tel que nous le caractérisons dans la dernière partie de notre ouvrage. Le moyen de s'en faire une idée exacte est d'en analyser les éléments formateurs ; ils sont industriels tout d'abord, et aussi intellectuels et religieux, car le socialisme est une religion qui a ses théories dogmatiques et morales, ou plutôt amorales.

***

Eléments formateurs du socialisme.

Parmi les éléments industriels, les plus apparents sont ces syndicats ouvriers et patronaux dont nous avons déjà bien des fois parlé. Nous n'y reviendrons pas. Les vrais dirigeants du socialisme sont beaucoup moins connus ; ce sont pour une bonne part ces féodaux d'un nouveau genre, financiers millionnaires et, dans certains pays, milliardaires, aux Etats-Unis, par exemple, qui forment une sorte de ploutocratie. Adonnés surtout à la spéculation, très rarement à la production industrielle, ils opèrent dans certaines villes d'Europe et du Nouveau-Monde, sur des valeurs fiduciaires, par des échanges purement fictifs où ils

engagent des millions sans déplacer le moindre
produit agricole ou industriel; c'est la haute juiverie, dans laquelle entrent beaucoup de judaïsants
d'origine étrangère. Leurs stipulations souvent
malhonnêtes échappent à tout contrôle ou à peu
près ; les gouvernements eux-mêmes n'y peuvent
rien ou n'osent rien, ou plutôt certains de leurs'membres, non contents de fermer les yeux, pactisent
avec ces gros délinquants pour être associés à leurs
profits. Il y a plus, cette juiverie, sans être au pouvoir, est maîtresse des affaires publiques les plus
graves ; n'a-t-on pas dit que certains échanges de
territoires ne se sont point faits et surtout n'ont
point été préparés sans elle, ni en dehors d'elle?

Ces puissances financières extra-légales, supra-
légales, sont surtout cosmopolites, et c'est grâce
à ce cosmopolitisme qu'elles espèrent échapper aux
désastres que déterminerait ici et là le triomphe du
socialisme. Ce sont ces banquiers unis à la franc-
maçonnerie et soutenus par elle, qui seraient, soit
directement soit plus souvent encore par des inter-
médiaires, les vrais administrateurs des moyens
de production socialisés. Cherchez donc combien il
y a, aujourd'hui même, de millionnaires connus
ou soupçonnés parmi nos socialistes d'Etat? Leurs
capitaux sont très mobiles, ils ne consistent point
en usines, encore moins en terres et en immeubles,
mais en bons billets qui courent d'un bout du
monde à l'autre sans qu'on les aperçoive, car ils

savent fort bien se cacher. Voilà les vrais et sûrs profiteurs de la révolution socialiste, dont les ouvriers ne seront que les agents et les classes moyennes les victimes.

Ces classes moyennes sont formées de 25 millions de Français appartenant à l'agriculture, à la petite et moyenne industrie, au commerce, gens laborieux et pacifiques qui ne savent pas se défendre ni même s'unir. Il faut bien reconnaître aussi qu'ils n'y sont pas poussés, comme les ouvriers, par une quasi-identité d'intérêts et par ces rapprochements contraints qu'amène le travail industriel. Ils sont beaucoup plus dispersés, et leurs intérêts, au lieu d'être similaires, sont souvent opposés, en vertu de cette libre concurrence si aveuglément attaquée par les démocrates, alors même qu'elle est honnêtement pratiquée et que les consommateurs dont nous sommes tous en recueillent les bénéfices. Quoi qu'il en soit, les classes moyennes sont surtout atteintes et partout, notamment en Allemagne, ainsi que j'en donne des preuves dans mon ouvrage, par cette montée du démocratisme socialisant. En France elles risquent d'être étouffées, quoique de beaucoup plus nombreuses, entre le prolétariat industriel et cette ploutocratie formée de judaïsants et de juifs, de francs-maçons et de protestants libéraux.

Ce qui serait détruit radicalement et sans merci par le socialisme, c'est le catholicisme et même tout christianisme un peu sincère, car le socialisme a la prétention d'être et de devenir de plus en plus une religion, une sorte de panthéisme qui absorberait tous les cultes, toutes les superstitions, dans le culte unique de l'humanité, s'adorant elle-même, avec ses passions et ses impudicités. Cette religion a sa dogmatique à double-face, le monisme matérialiste d'Hæckel et le subjectivisme idéaliste qui le complète au lieu de lui faire contre-poids. Sur ce dogmatisme doublement faux et pervers se greffe l'amoralisme dont nous avons déjà et si souvent parlé. Telle est la religion de la démocratie nécessairement socialiste, quoi qu'en disent nos démocrates chrétiens qui n'y changeront jamais rien. En dépit de leurs efforts, la démocratie sociale, au sens propre du mot, répudiée par Léon XIII comme contraire à sa démophilie, cette démocratie ou gouvernement du peuple par le peuple sera socialiste, ou elle ne sera pas ; ses principes l'entraîneront jusque-là.

[*]

Conclusions et remèdes.

Nous avons donné comme sous-titre à nos deux volumes, ces mots : *Décadence ou Régénération.* Nos lecteurs nous feront l'honneur de croire que notre espérance aussi ferme que nos désirs en sont·

ardents, appelle et attend cette régénération. Toutefois elle est subordonnée à des conditions sans
lesquelles elle ne saurait se produire. La première
est un retour franc et sincère à un christianisme
intégral. Et pour que le peuple s'y rallie, il faut tout
d'abord que le clergé le prêche à tous et l'enseigne
aux savants eux-mêmes, tel que l'énonce et l'explique l'Encyclique *Pascendi dominici gregis*. En
vain essaierait-on d'échapper à ce devoir; là en effet
est comme concentrée la révélation tout entière,
toutes les vérités essentielles que cette révélation
a apportées au monde, mais considérées dans leurs
relations avec nos besoins actuels, besoins indivi-
duels et sociaux. Elles nous sont proposées comme
le remède à nos illusions et à nos égarements intellectuels. Rejetez-vous cette Encyclique? vous allez
directement à l'apostasie. La reléguez-vous parmi
les choses oubliées et déjà vieillies, vous serez
bientôt ressaisi par toutes ces erreurs répandues
dans l'atmosphère que nous respirons tous; elles
pénétreront à l'intime de vos intelligences que rien
ne protégera contre cet envahissement; votre foi
en sera affaiblie, à demi ruinée, pour succomber
tout à fait demain peut-être.

Voilà pourquoi nous avons demandé l'institution
de chaires spéciales dans nos établissements d'enseignement supérieur, pour l'étude approfondie et
la vulgarisation de ce document qui demeurera
comme le phare indiquant aux générations de ce

xxᵉ siècle le chemin du salut social et religieux.
Ce n'est donc pas une théologie quelconque, fût-
elle très sérieuse, très approfondie, qui suffira aux
jeunes générations sacerdotales, si elles veulent remplir toute leur mission au cours de ce xxᵉ siècle ;
c'est une théologie appropriée, adaptée à ses besoins ;
c'est en un mot la théologie de l'Encyclique *Pascendi gregis*.

Le document romain nous conduira plus loin
encore ; car il contient plus qu'une théologie.

Il nous apprendra tout d'abord que ce qui est
atteint chez nous, plus que la foi, avant la foi, c'est
la raison, la raison théorique et spéculative, pour
parler le langage de Kant, en d'autres termes, la
raison au sens le plus élevé, l'intelligence humaine,
l'intelligence de ce xxᵉ siècle dans ses rapports
avec son objet direct et nécessaire, l'être. Et j'en-
tends ici l'être sous tous ses modes, l'être en lui-
même et partout où il se rencontre, partout où il
se cache sous les phénomènes, l'être substantiel
des créatures qui est comme le marchepied dont
nous nous servons pour monter intellectuellement
jusqu'à Dieu, jusqu'à l'affirmation de son existence.

Nous n'avons plus de théodicée rationnelle ;
parce que nous n'avons plus de métaphysique
d'aucune sorte, plus de science supérieure à la
physique, pour s'en tenir à l'analyse des mots ; en
d'autres termes plus de science supérieure à celle

des phénomènes, objet direct des sciences naturelles. Or, qu'on le veuille ou non, la théodicée
rationnelle est la base indispensable de la théodicée
révélée, de cette théodicée qui, de l'existence du
Dieu créateur bien et dûment établie, nous fait
pénétrer dans les intimes profondeurs de son Etre
trine et un, bien plus, dans la connaissance des
libres déterminations de sa providence sur nous,
en un mot dans toute l'économie surnaturelle du
Christianisme.

Il faut donc, si nous voulons régénérer cette
société en lui donnant un christianisme efficace,
nous pénétrer nous-mêmes, prêtres catholiques,
des vérités, considérées comme élémentaires, de
l'ancienne théodicée. Et ce n'est pas aux pieds des
chaires de M. Bergson, ou de M. Boutroux, ou de
M. Séailles et autres universitaires en renom, que
nous réapprendrons cette théodicée. Tout au contraire, les jeunes clercs, les candidats aux licences
philosophique ou littéraire y rencontreront, y subi-
ront plutôt cette déformation intellectuelle qui les
rendra inhabiles à l'étude de la théologie catholique. La disjonction se sera opérée entre leur intelligence atrophiée, faussée, et son objet propre, la
vérité, accessible aux esprits sains et intacts.
Les professeurs de nos grands séminaires l'ont
constaté dans les assemblées annuelles de *leur
Alliance*. Ils ont été amenés à nous faire cet aveu
très grave, qu'une partie de leurs élèves, candi-

dats au sacerdoce, manifestaient une réelle répu-
gnance pour les études religieuses, théologiques et
philosophiques auxquelles ils devaient se livrer.
Ces jeunes gens étaient ceux-là mêmes qui, dans la
préparation de leurs examens pour les grades universitaires, avaient dû prendre connaissance des
quelques notions philosophiques en usage au sein
de l'*Alma mater*, et surtout de l'histoire des systèmes philosophiques qui se sont succédé au cours
des siècles. Or, ces systèmes plus ou moins bien
expliqués, jamais réfutés, engendrent tout naturellement le scepticisme, que les quelques notions
techniques puisées dans les manuels ou dans les
leçons des professeurs sont bien impuissantes à
combattre. Ces pauvres candidats sortent de cette
triste préparation universitaire, absolument défor-
més. Ce sont à l'avance des prêtres manqués, qui
ne redeviendront jamais aptes à la vraie et grande
science ecclésiastique. A tout prix, qu'on nous
débarrasse de cette source de dégradation intellectuelle. Les moyens sont à étudier et nous aban-
donnons volontiers ce soin à ceux qui ont la res-
ponsabilité lourde des grands séminaires; mais il
nous les faut; l'obligation de les trouver s'impose.
Notre droit et notre devoir est de les réclamer,
jusqu'à ce que satisfaction complète soit donnée à
l'Eglise de France sous ce rapport.

En regard de la théodicée rationnelle, il est indispensable de restaurer le droit naturel qui n'est

que l'application de la loi morale aux rapports sociaux, à toutes ces interdépendances dont on nous fatigue les oreilles.

Théodicée et morale s'unissent et s'entrelacent de manière à ne plus pouvoir être séparées. Ici encore, c'est la philosophie qui est en cause ; philosophie morale et pratique, issue de la philosophie spéculative. L'ordre social et politique en ce qu'il a d'essentiel a été restauré par le christianisme ; toutefois il n'est pas, à proprement parler, de création chrétienne, mais de création naturelle, si je puis dire. C'est le Dieu créateur qui a gravé dans la conscience humaine les préceptes du Décalogue ; puis le Dieu révélateur du Sinaï et le Christ, auteur du sermon sur la montagne, en a rafraîchi les premiers caractères oblitérés par des siècles de paganisme. Laissons chacun de ces préceptes à sa place et à son rang, dans l'ordre où le Dieu créateur et le Dieu régénérateur nous les présente ; et ce sera à la raison, consciente d'elle-même, que nous les demanderons tout d'abord. La révélation nous les rendra plus lumineux, plus pressants et, si je l'osais dire, plus rigoureusement obligatoires, sans compter qu'elle y ajoutera des prescriptions qui les dépassent en nous élevant jusqu'aux cieux.

Le droit naturel prend en quelque sorte ces premiers préceptes, au moment où ils jaillissent de la conscience et les applique aux relations domestiques et familiales, aux relations nationales et internationales, à tous les rapports sociaux et humains. Ce droit naturel n'est étranger nulle part ; il est, comme nous l'avons expliqué, à la base de tous les autres droits, du droit positif et de ses embranchements, droit civil, droit commercial, droit industriel, droit international ou droit des gens, comme l'on disait autrefois.

Qu'il résolve toutes les questions, objets directs de tous ces droits divers ? je ne le prétends pas. Cependant il contribue à les éclairer toutes, sans exception aucune, et il faut le consulter toujours.

Ce droit naturel, complété par le droit divin et chrétien, demeure la sphère propre où se tient l'Eglise, où le prêtre a le devoir de se confiner toujours. Le prêtre, en effet, n'a pas pour mission de trancher tous les débats juridiques et économiques qui agitent notre monde actuel, donnât-il une part de son temps aux journées sociales, aux semaines sociales, aux congrès sociaux. Eût-il l'ambition d'être le prêtre social par excellence, je crois bien que son mandat sacerdotal expire à la limite du droit naturel, divin et chrétien, tel que les papes Léon XIII et Pie X l'ont formulé dans les documents que nous avons tant de fois cités.

Tout dernièrement, on demandait qu'un cours de sociologie fût établi dans tous les grands séminaires (1) ; et l'on se préoccupait beaucoup de la

---

(1) Voir un article de M. Calippe dans la *Revue du Clergé français*, 15 octobre 1911.

façon dont il serait compris et professé. Nous partageons tout à fait cette préoccupation ; et puisque, tout à côté des œuvres pratiques et de l'initiation des jeunes clercs à ces œuvres, on voulait un enseignement didactique et fondamental, nous croyons que cet enseignement doit être emprunté aux documents pontificaux, et tout spécialement au *motu proprio* de Pie X (décembre 1903), résumant les encycliques de Léon XIII. Là se trouve le terrain d'union entre tous les catholiques, en dehors duquel il n'y aura jamais que luttes stériles ou plutôt malfaisantes, égarements plus funestes encore à l'Eglise et à la patrie.

La régénération sortira au contraire des documents pontificaux, étudiés dans leurs textes et appliqués dans le véritable esprit qui les a dictés. Nous avons essayé de nous en inspirer nous-même, dans les six volumes que nous offrons à nouveau au public catholique, et particulièrement à ceux qui nous ont soutenu de leur sympathie et de leurs approbations.

TABLE DES MATIÈRES

—

Poitiers. — Imp. G. Roy, 7, rue Victor-Hugo.

www.ingramcontent.com/pod-product-compliance
Lightning Source LLC
Chambersburg PA
CBHW060154100426
42744CB00007B/1020